JLA 図書館実践シリーズ 33

サインはもっと自由につくる

人と棚とをつなげるツール

中川卓美 著

日本図書館協会

Various Perspectives for Sign-Making in Library

(JLA Monograph Series for Library Practitioners ; 33)

サインはもっと自由につくる ： 人と棚とをつなげるツール ／ 中川卓
美著. － 東京 ： 日本図書館協会, 2017. － 177p ； 19cm. － (JLA
図書館実践シリーズ ： 33). － ISBN978-4-8204-1702-6

t1. サイン ワ モット ジユウ ニ ツクル a1. ナカガワ, タクミ
s1. 配架法 s2. 図書館資料 ① 014.5

はじめに

　図書館のサインの話をすることになりました。施設の案内サインではなく，本の主題を表示した書架サインの話です。

　図書館のサインは「なんだか固い……」と思っている人も多いと思います。とはいっても，ずっと前から使い続けて利用者もその表現になじんでおり，適切に案内ができていれば積極的に見直す理由は見つからないかもしれません。

　サインの第一の役割は，もちろん本の場所をわかりやすく明示することです。けれども，ことばのニュアンスを少し変えると，本と利用者を結びつけるツールにもなります。探している人に本の場所を知らせるだけではなく，ことばのチカラで棚の前を通り過ぎる人を呼び止めることもできるのです。書架のいたるところに設置されているサインひとつひとつの表現に工夫を加えると，利用者に語りかけるような面白い棚になるのではないでしょうか。

　そのような語りかけるサインをつくろうと思い立ったのは，図書館のリニューアルがきっかけでした。リニューアルといっても，建築工事を伴うものではありません。図書館の棚を何とか魅力的に見せようと試行錯誤した結果，配架を見直しフロア全体の本の大移動を強行したのです。その新しい配架をアピールするために，サインについても全面的に見直し，従来とは違ったわかりやすいことばの表現を考えました。その経過から，サインと配架の工夫はセットで考えたほうが，より効果的だと考えるようになりました。自館の棚を一度リセットして本の分類や配架を見直すという

過程があるからこそ，サインのことばの発想も広がり，棚は生き返ります。その試行錯誤の中で自館のコレクションへの理解も深まり，選書や次のサービスにもつながっていきます。そのため，この文章でもサインの見出し語だけではなく，配架を見直したリニューアル作戦について割くことになります。

そのリニューアル作戦は，市町村合併後に，私がそれまで勤務していた滋賀県愛荘町立愛知川図書館（1,686㎡）から秦荘図書館（1,170㎡）へと異動になったときにはじまりました。「町には図書館は1館あればいい」と，より小規模の秦荘図書館は周囲から閉館を示唆され，それに対抗すべく，当時，開館14年になる秦荘図書館の棚を改造しようと作業を開始したのです。危機感と焦燥から「何とかしないと」という気持ちで見切り発車し，無計画かつ無鉄砲にあくせくした結果，最終的に1万冊近い図書を書庫入れして本を陳列するスペースを確保し，一般書スペースの3分の2の本を移動させて利用者の動線を意識した配置に変え，全面的にサインの見直しをしました。書庫入れやサインは日常業務と並行して作業していましたが，本の移動の大部分は蔵書点検期間中の3日間，4人の作業で終了し，その結果，1年間で貸出冊数が1割近く上昇しました。

リニューアルの成果は利用の増加だけではありません。棚を整理し配架を見直しサインを考える中で，スタッフみんなの意識が変わっていきました。図書館を魅力的にするために自分たちでできることはないかと試行錯誤し汗した結果，「美しい棚」「面白そうな棚」に生まれ変わりつつあることが目に見えて実感でき，利用者からも「来るたびに変化している」と喜ばれたことが，司書としての誇りにつながったのだと思います。一緒にがんばったスタッフの一人が「自分の働いている図書館が褒められることが，

こんなにうれしいこととは思わなかった」といったことがありました。図書館の棚に真剣に向き合うことは，スタッフの立場や経験年数を越えて，自分たちも図書館の運営を担っているという自尊心につながるような気がします。

　サインはまだしも，開館している図書館で，大がかりな本の移動をするリニューアルなんて到底無理と，あきらめないでください。手を入れることで蔵書は必ず生き返ります。新館オープンでなくても，既存館でも，やりくりすれば意外に何とかなるものなのです。その何とかなったリニューアル作戦と，コピー感覚でつくったサインの手法を具体的に紹介していきます。無計画，無鉄砲だった部分はできるだけ省きます。

　本書の構成です。
　1章は，リニューアル作戦の詳細な紹介です。配架の工夫として，「日本十進分類法」（NDC）を分解して新しくグルーピングする，もしくはコーナーをつくって配架する方法について触れています。
　2章は，従来の見出し語からはなれて，もっと自由につくるサインの提案です。実際に作成したサインの紹介にとどまらず，語りかける見出し語の発想法に多くの記述を割きました。なお，巻末には当時使用していたサインの一覧表を掲載しています。
　3章は，図書館リニューアルの具体的な手法について，実施時の参考となるよう当時の計画を詳述しました。
　4章は，リニューアルの先に見えてくるものとして，選書について触れています。リニューアルは探しやすい棚をつくるだけのものではありません。リニューアルの過程で，必ず現在のコレクションに対する理解が深まり，そのために，蔵書の不足について

はじめに………v

も，同時に見えるようになります。論旨とページ数の事情から，「選書論」といえるほど深くは展開しておりません。

最後に自己紹介と，舞台となる図書館の紹介をしておきます。
私は大阪生まれの大阪育ち，大阪芸術大学教養課程研究室の副手——事務の臨時職員です——として働きながら司書資格を取得し，1993年から大阪府豊中市立図書館に勤務しました。その後，1999年に滋賀県愛知川町（現・愛荘町）の図書館開設準備室を経て，翌年12月からはオープンした愛知川町立図書館（現・愛知川図書館）で勤務しました。愛知川町は隣町の秦荘町と合併し愛荘町が誕生，2008年からは秦荘図書館に異動になりました。2011年に退職し，現在は岡山県瀬戸内市に住んでいます。

勤務していた愛荘町は，滋賀県，琵琶湖の東に位置する人口21,251人（2016（平成28）年9月現在），面積37.95㎢の小さな町です。館や自治体の規模にかかわらず応用できるよう書き進めていこうと思いますが，人口2万人規模の市町村図書館がベースになっていることをご了承ください。

＜愛荘町立図書館のプロフィール＞
秦荘図書館
　1995（平成7）年4月1日開館
　開架面積　703㎡（延床面積1,170㎡）
　蔵書冊数　121千冊（うち開架冊数　65千冊）[1]
愛知川図書館
　2000（平成12）年12月12日開館
　開架面積　1,423㎡（延床面積1,686㎡）
　蔵書冊数　192千冊（うち開架冊数　173千冊）[1]

なお，愛荘町の図書館についての記述が頻出しますが，勤務していた 2010 年度までの状況がもとになっています。その後，両館ともに利用の状況を踏まえて変更を重ねているため，記述内容と現状が異なるところがあります。また，このリニューアル作戦は館としての取り組みですが，本書での検討，考察については個人的見解が混在することをご容赦ください。

　NDC については新訂 9 版に準拠して記述しています。新訂 10 版について補足する場合「NDC10 版」と明記しています。

2017 年 4 月

中川　卓美

注

1)　日本図書館協会図書館調査事業委員会編『日本の図書館　統計と名簿 2009』日本図書館協会，2010

目次

はじめに　　　ⅲ

●1章●　サインの前に－開館しても変えられる！　棚のリニューアル大作戦 ……………………………… 1

1.1　リニューアルが必要な理由のあれこれ　　　1
1.2　スタート前に分析，今の棚の問題点に
　　　向き合ってみる　　　5
1.3　あらためて考える，NDCの順列で並べると
　　　どうなるのか　　　7
1.4　私たちのツール，NDCのこと　　　9
1.5　棚をリセット，配架の工夫①　6類を
　　　組み替えてみた　　　11
1.6　棚をリセット，配架の工夫②　別置をつくる　　　15
1.7　棚をリセット，配架の工夫③　コーナーをつくる　　　20
1.8　配架で迷子にならないための別置のコツ　　　25
1.9　探しやすさを求めて①　動線をよくする　　　26
　　　コラム1　書架と動線の関係　　　30
1.10　探しやすさを求めて②　回遊をうながす　　　32
　　　コラム2　瀬戸内市民図書館の「をも見よサイン」　　　34
1.11　リニューアルしたらこうなった，秦荘図書館　　　36
1.12　面出しは奥深い，表紙を見せる技術　　　49
1.13　面出しはもっと奥深い，陳列から伝わること　　　60
　　　コラム3　ひも問題　　　62

●2章●　サインをもっと自由につくる ……………………………63

2.1　まずはサインの呼び方から　　　63
2.2　サインで語りかける　　　65

viii

contents

コラム4　049問題　　96
2.3　見出し語を考えるコツ　　98
2.4　ことばが浮かばないと思う人のために　　102
2.5　サインは図書館のイメージをつくり
　　　裏切りもする　　103
2.6　コミュニケーションツールとしてのサイン　　104
2.7　サインで本当に伝えたいこと　　105
2.8　差し込みサインはどこまで必要か　　108
2.9　差し込みサインは本を仕分ける　　110
コラム5　勝手に考える　大規模図書館の
　　　　　サインのはなし　　118

●3章●　リニューアル作戦の内幕 ………………………………… 121

3.1　リニューアルのコツのコツ　　121
3.2　「誰」に向けてリニューアルするのか　　125
3.3　リニューアルに仲間を引き込む　　127
3.4　リニューアルの評価と成果　　129

●4章●　リニューアルのあとに見える選書 ……………… 134

4.1　棚に向き合うことから選書がはじまる　　134
4.2　すぐに結果を求めない選書　　135
4.3　中小図書館の棚の可能性を広げる専門書　　137
4.4　専門書を選ぶために　　141
4.5　リニューアルはここからはじまる　　143

おわりにかえて　　145
参考文献　　148

目次

資料編　　150

　資料1　別置一覧（愛知川図書館）　　150
　資料2　コーナー一覧（愛知川図書館）　　151
　資料3　一般室サイン一覧（秦荘図書館）　　152
　資料4　健康情報コーナー「ほすぴたな」サイン一覧
　　　　　（秦荘図書館）　　169

事項索引　　173

1章 サインの前に
－開館しても変えられる！棚のリニューアル大作戦

1.1 リニューアルが必要な理由のあれこれ

　新しく開館した図書館を見学して，うらやましいと思ったことはありませんか？

　建物は洗練されて居心地がよく，書架のデザインは美しくて機能的です。空いている棚のスペースには新刊の表紙がディスプレイされ，配架方法も，ただ「日本十進分類法」（NDC）順に並べるだけではなく，いろいろなコーナーがつくられるなどアイデアがつめこまれています。新しい図書館の開設準備には，全国の図書館の実践が随所に取り入れられ，試行錯誤を繰り返して計画されていきます。ということは，新館であるほど先行の図書館の事例を踏まえつつ，今の時代に求められるサービスを追求して魅力的な図書館となっている（はず）なのです。

　それでは，開館して何年も経つ図書館は，少しずつ古くなっていくのをただじっと耐えるしかないのでしょうか。

　建物や書架などハード面を新しくするには，大きな予算が伴うため今すぐ実行できるものではありません。でも，探しやすい本の配置や新しいコーナーづくり，本をきれいに見せるための陳列などはどうでしょうか。こちらは予算的には少なくてすみそうです。けれども図書館は開館しています。大

1章　サインの前に………1

きく変更しようとすると，それにかける時間も労力も負担に
なって重くのしかかってきそうです。あふれる日常業務と並
行しながら，大がかりなチェンジなんて到底無理と思ってし
まうかもしれません。

　私自身もそうでした。そのため，はじめは大がかりな変更
をするつもりもなく，思いついたところから少しずつ手を入
れ，棚を変えていきました。そのうちコツをつかんで，時間
のやり繰りと体力とみんなの協力があれば，何とかなりそう
な予測が立ったため，リニューアルしましょうと宣言し，配
架を全面的に見直す大きな改革をプランしました。とはいっ
ても，動かしたのは本だけで書架までは移動していません。
書架を持ち上げようとしたら，固定されていて動かなかった
からです。

　リニューアルが必要な理由はさまざまだと思います。たと
えば，開館して何年も経つうちに利用対象の層が変化するこ
とがあります。開館当初は若いファミリー層が利用対象の中
心として計画されていたのが，数十年経過するうちにいつの
間にか高齢者が主体になっていた，大学が移転してきて若者
層の利用が増えた，企業誘致が進みビジネス関連の調べもの
に来る人が増加しているなど，いつの間にか図書館の利用風
景が変化しているということはよくあることです。

　また，市町村合併を経て自治体内で図書館が複数館運営さ
れるようになった場合，それまでとは役割が変化し，複数館
の中央館に，もしくは地域館としての再スタートが期待され
ることもあります。勤務していた滋賀県愛荘町立秦荘図書館
のリニューアルの理由も市町村合併でした。それまで町唯一
の図書館であったのが，合併で愛知川図書館（延床面積：

1,686㎡）と2館で運営されることになった結果，より規模の小さな秦荘図書館（延床面積：1,170㎡）は閉館すべきではないかという意見が聞こえはじめたのです。

　図書館サービスの変化もリニューアルの理由のひとつです。1970年代以降，利用されない，期待されない「学生の勉強部屋」だった図書館から転換し，求められた本を草の根を分けても探し出し，「貸出」を徹底することでサービスを展開してきました。貸出と予約とレファレンスという資料提供を突き詰めることで，人びとの暮らしに役立つ図書館であることをめざしてきたのです。

　ただ，この時代の図書館の「暮らしに役に立つ」という表象は，貸出の結果として利用者の中に醸成されるものとして認識されていたように感じられます。つまり，「役に立つ」という内実を具体的に予測し，それを実現するための施策が練られていたわけではなかったように思うのです。もちろん，当時の利用されない状況を変えるためには，「貸出」を増やすこと自体が施策の中心に据えられることは十分根拠のあることでした。けれども，地域で図書館に対する一定の理解が得られるようになれば，貸出の多さだけがゴールであってはならないと思います。

　地域の課題やニーズに向き合い，そこから予測される具体的な目的をもって「役に立つ図書館」であろうとするとき，貸出は目的ではなくなり，それを実現するための手段となります。今までそのような図書館の「役に立つ」側面をアピールすることに無頓着だったという自省とともに，地域の課題に応じて情報をコーディネートし，わかりやすく提示しようとして現れたのが「課題解決型図書館」でした。一般的な「課

1章　サインの前に………3

題解決型図書館」の説明とは少し違うような気がしてきましたが，それはさておき，リニューアルの理由として，「ビジネス」や「法律」「医療」をはじめ，その地域特有の課題や人びとの暮らしを支援する情報を収集し，コーナーの有無はともかく適切に配架し，「困ったときには図書館へ」と胸をはっていえるような信頼感のある棚をつくるということは，重要な意味をもつことです。

　棚の美しさ，本をきれいに見せることを追求するためのリニューアルも考えられます。ここ数年，レンタルビデオチェーンや書店を経営する大手企業が，指定管理者として図書館運営へ参入したことが話題になりました。議論になっている部分も多々ありますが，書店経営のノウハウを生かし，本のある空間を美しく演出しようとするスタイルは，他の図書館も見習うべきところです。というのも，本が読まれない，書店がつぶれていくという事実とは逆に，モノとしての本の価値，本のある空間に対する期待感というものは上がっているような気がするのです。たとえば，書店以外の店，カフェや雑貨店でも，店のスタイルに合わせて本がセレクトされ，美しくディスプレイされることが多くなってきました。それだけ本のもつ付加価値的な魅力，場所や人におよぼす知的な力が注目されているのではないでしょうか。

　そう考えると，棚を美しくするということは，見た目がよく探しやすいというだけではなく，図書館そのものの価値を高めることもできるような気がします。たとえば，知らない世界への入口，成長への支えというような，人が本にもつ期待感を，美しく陳列することによって効果的に高め，図書館の場としての価値をアピールできると思うのです。

さて，リニューアルの理由をいろいろあげてみました。けれども，ただシンプルに「みんなに喜んでもらうために，自分の図書館を少しでも魅力的にしたい」というのがはじめる動機であってもかまわないと思います。その気持ちがないと体力は振り絞れません。ただ，やみくもに走ってしまう前に，まず立ち止まって考えるべきことがあります。それは図書館の現状と問題点の分析，そこから考えられるリニューアルのゴール，この図書館のあるべき姿を想定することです。

1.2 スタート前に分析，今の棚の問題点に向き合ってみる

　実際にリニューアル作戦にとりかかるためには，まず現状の図書館を冷静かつ冷徹に分析し，コレクションや配架方法，選書のあり方など問題点の洗い出しが必須です。自館に対して一歩引き，第三者の目線で見直すことが必要です。

　秦荘図書館の場合は，まず全フロアにおける文学の占める割合が大きくなっていました。文学はよく利用されるため選書量にも比重が置かれ，フロアの中でもボリュームが出てしまう分野です。一方，資料費の減少に伴い，9類文学の日本の現代小説以外の分野，特に歴史や法律，政治，社会学系で出版年の古い本が目立つようになっていました。医学には新刊が入っていましたが，リクエストが集中した民間療法（○○すれば病気にならない系）に偏ったため，一般的な家庭の医学書の購入も滞りがちになっていました。

　来館する利用者の貸出傾向やリクエストにていねいに応えた結果，その部分の資料購入に特化しすぎたため，それ以外の分野では資料の更新が進まない棚が目立ち，少ない新刊も

1章　サインの前に………5

利用されやすい入門書に重点が置かれていました。

　書庫をのぞいてみると，開館当初にそろえられた思想，政治，社会学等の分野の基本図書が並んでいました。新刊を優先して配架するため，苦渋の選択で書庫に入れられたようです。リニューアルの目線で書庫を見直すと，意外なお宝が眠っていることに気がつきました。配架については，料理や手芸など家政学の分野を児童室に近い配置にするなど工夫をしつつ，基本的には NDC の順列に従って並んでいました。

　さて，この分析からリニューアル作戦の実行プランを次のように立てることにしました。

1. 9類文学を大量に書庫へ入れる

　空いたスペースを文学以外の分野の配架スペースにあてる。

2. 9類以外の資料も大量に書庫入れする

　古くなった資料が目立っている分野は思い切って書庫入れし，棚の印象を新しくする。空いた棚は表紙を見せてディスプレイするスペースにあてる。

3. 書庫にある基本図書を開架に戻す

　入門書が目立つ棚に対して，書庫にあった読み応えのある基本図書を再配架することで難易度のバランスをとる。

4. 配架計画を見直す

　利用者の本を探す動線を意識した，探しやすく魅力的な配架に変更する。本を探す人にもそうでない人にも，面白そうな本がどんどん見つかる棚を目標とする。

5. サインをすべてつくり変える

　新しい配架に合わせてサインの見出し語を考える。

プランができたら実行あるのみ。開館しながら作業するため，本が移動途中の棚や，サインが半分までしか入っていない棚など，リニューアル過程が利用者にも見えてしまうことになります。でもそこはPRの機会と捉えることにしました。

　大量の書庫入れ作業に汗をかきましたが，そのあたりの肉体労働の過程は割愛するとして，作業は何とかプラン4，配架を見直すところまで到達しました。けれども，事前に考えていたような「利用者の本を探す動線」「探しやすい棚」「魅力的な棚」とは，具体的にどうしたら実現するのでしょうか。

1.3 あらためて考える,NDCの順列で並べるとどうなるのか

　ほとんどの図書館において,本を分類し配架するために「日本十進分類法」（NDC）を使用していると思います。

　NDCは森羅万象の主題を9区分し，1から9までの数字を割り当て——どこにも分類できないものは0に分類し——体系的に位置づけます。数字を使うため単純で簡潔な構造をもち，主題間の関係や順序がわかりやすく表現されるという長所があります。一方で，十進で展開させるという規則が優先されるため，NDCそのままに従って本を配架すると，なぜこのジャンルがここにあるの？　ということが時折発生します。

　図書館に勤務して間もない頃，「孫子」の場所についてたずねられたことがありました。「399兵法」の棚へと案内したところ，その利用者は複雑な表情になって，どうして軍事を民俗学の横に置くのかと質問しました。振り返ると，教育学（37△），民俗学（38△）のあとに，国防・軍事（39△）という順番で配架された棚が並んでいます。NDCに関心がなく普通の感

1章　サインの前に………7

覚で本を探そうとする人にとっては，思いもつかない脈絡の
ない並びです。図書館勤務数か月だった私も，採用している
分類規則に従うとこうなってしまうのですと回答しつつ，心
の中では同じ疑問を感じていました。この勤務して間もない
頃に感じていた「なんでこんな並び方になるの？」という違
和感は大切です。同じ違和感は多くの利用者ももっていると
思います。勤務経験を重ねるうちに，この違和感は薄らいで
当たり前になってしまったかもしれません。

　また，NDCでは，日常的な感覚では似ている概念が，別の
主題として遠く離れて分類されてしまうこともあります。た
とえば，47（植物学）と62（園芸）。4類と6類，1次区分の
レベルで違ってしまうと，図書館の構造によってはそれぞれ
がまったく違うエリアに配架されてしまうこともありえます。

　たとえば，「蘭」について質問されたとき，インタビューを
重ねて植物と園芸のどちらかの棚に，場合によっては両方の
棚を案内します。けれども，特殊な栽培方法について問い合
わせを受け園芸の棚で調べていたところ，結局は植物学の本
に詳しく載っていたというようなことはよく経験するのでは
ないでしょうか。自然科学としての「植物」，産業分野の「園
芸」。学術的に区別される理由はわかるのですが，利用のされ
方から見ると両方の本を必要としていることも多く，遠い場
所に置いてあると，一緒に見ることができず不便に感じます。

　他にも，同じカテゴリーとして相互参照すると便利な主題
が複数の項目に散っているケースがあります。0類と5類に
分かれるパソコンとインターネット。マスメディアになると，
070（ジャーナリズム・新聞），361.4（マスコミ），699（放
送事業）と3カ所の棚に分かれてしまいます。利用者にしっ

かりインタビューして，適切な棚を紹介してこそ司書の腕の見せどころなのかもしれませんが，そもそも分かれている分野について，1か所もしくは近くに配置して，探しやすい棚をつくるということもプロの技だと思うのです。

1.4 私たちのツール,NDCのこと

配架を考えるにあたって，全国の図書館に普及している標準分類表であるNDCのことを避けることはできません。ここからは，もう少しまとめてNDC，「日本十進分類法」のことを触れてみたいと思います。

NDCの初版は1929年，デューイ十進分類法の体系を参考にして，同一主題が近接するよう本を主題の体系に沿って書架上に配列するための書架分類法として誕生しました。その後，根幹にかかわる変更を加えずに，時代に即した主題の追加や変更，削除が加えられて，2014年発刊の10版まで，改訂が重ねられています。

発刊当初の1929年の世界には，スマートフォンもパソコンも，地球温暖化も遺伝子組み換えも，核兵器もありません。世界恐慌，アル・カポネ，スターリンの時代です。そのような時代に基礎がつくられた分類体系に，その後，次々と発明・発見されたモノや技術や文化を新主題としてはめ込むことが可能だったのは，NDCが0から9の数字を使って展開し，桁数を増やすことで主題の階層や深度を表現できるという伸縮性のある構造をもっているためです。

さらに，当時はほとんどの図書館で閉架式閲覧法がとられていました。利用者は現在のように自由に本を手にとること

1章　サインの前に………9

はできず，書庫に入っている本を目録で探し出し，閲覧票に記入して請求していました。そのような時代につくられた書架分類法が前提としている書架配架のイメージは，現在とはまったく異なっていたに違いありません。利用者目線を意識した，探しやすさを指向したものでないことは確かです。

　さて，その後 NDC はひとつの転機を迎えることになりました。それまで書架分類として編集されてきた NDC が，1995年発刊の新訂 9 版からは書誌分類を指向することになったのです。インターネットを使った蔵書検索が一般的になった現在では，一館単位の配架を想定した分類よりも，ネットの主題検索で効率よく情報が得られるように，詳細な分類表を指向するほうが時代に適合しているという判断があったためです。ただ，書誌分類を念頭に作成されてはいても，図書館現場の実務に影響が出ないよう根本的な変更は加えず，9 版以前の NDC との連続性は維持されています。それまで使用していた分類項目を他のものと入れ替えるような，大きな変更ではありません。

　この NDC の書誌分類への方針転換は，書架分類の重要性が低下したためという意味ではなく，書架分類については個々の館の事情を反映させて，書誌分類をうまくカスタマイズするべきものとして捉えたほうがよいのだと思います。なぜなら，NDC は公共図書館，学校図書館，大学図書館，専門図書館，いろいろな館種で使用されています。私自身は公共図書館出身なので，どうしても「公共図書館としての使いやすさ」から NDC を見てしまいますが，館種によって「使いやすさ」の観点はさまざまなはずです。また，公共図書館だけを考えても，NDC 誕生当時とは異なり，現在の図書館サ

10

ービスのあり方は各館多様で，それを実現するための配架もまたさまざまなかたちをとるはずです。そのうえ配架は建物の構造や棚配置など，図書館の施設的な要素に大きく左右されます。このように，各館の諸条件が異なる状況で書架分類を一律に考えること自体，今や無理が生じてきているのだと思います。それよりも共通の書誌分類をベースに，自分たちのサービスをかたちにする配架を実現するため，どう工夫するかを考えるほうが現実的です。

　ということで，次節からは公共図書館の現場で「探しやすさを求めて」リニューアルしているうちに，NDCをカスタマイズしたらこうなったという案を紹介していきたいと思います。

　NDCは私たちの道具です。プロは道具を使いやすいよう磨かなければなりません。

1.5 棚をリセット，配架の工夫①　6類を組み替えてみた

　では，道具としてのNDCをどう加工したら「探しやすい棚」に近づけるでしょうか。まず，NDCを知らない人が本を探すときの行動を想像して，日常的な感覚でNDCを見直していくことにします。

　先にあげた例，47「植物」と62「園芸」の関係をもう少し深く考えてみます。

　NDCの4類（自然科学）には純粋な理論が集中し，その理論を用いた応用については5類（技術）および6類（産業）に分類されることになっています。4類（理論）によって発明された5類（技術）を使って生まれた6類（産業）という

1章　サインの前に………11

関係でしょうか。この6類に注目してみると，農業，畜産業，水産業，商業など，なるほど応用分野が集中しています。ということは，NDCをつぶさに見ていくと，6類の各産業を生み出した理論もしくは技術がどこかの類に存在するはずです。61「農業」に対応する理論は47「植物」，62「園芸」も47「植物」，64「畜産業」なら48「動物」……。ということは，この6類をそれぞれ分解し，上位概念である理論／技術分野のほうへ組み替えて配架すれば，複数の棚に分かれることなく，関連した主題が1か所で見られる便利な棚になる可能性がありそうです。

　1か所に配架するといっても，理論と応用の分野を混配——たとえば「蘭」の下に植物学も栽培方法もミックスして配架——するわけではありません。植物学の470〜479を配架した後ろに，続けて園芸の62を配架するというイメージです。ミックスしてしまうと，「蘭」について調べる人には便利な棚になっても，植物学全般を研究している人や他の植物の栽培方法にも興味があるという人にとっては，わかりにくい棚になってしまうからです。

　具体的に6類を上位の概念に収めると，次の表1-1のようになりました。

　悩ましいのは，郵便・郵政事業（693）です。落ちつきどころがなかなか見つかりません。郵便政策や日本郵政が主題のものなら，商業（67△）などと一緒に，335（経営），336（経営管理）に収めてもよいのですが，そうすると，切手やはがき，郵便ポストなどビジュアルな類の本がビジネスの棚から浮いてしまいます。収めどころは，それぞれに考えたほうがよいのかもしれません。

12

表 1-1

6 類	上位概念
農業 （61△）	植物学 （47△）
園芸・造園 （62△）	植物学 （47△）
畜産 （640〜648）	動物学 （48△）
獣医学 （649）	動物学 （48△）
林業 （65△）	植物学 （47△）
水産業 （66△）	動物学 （48△）
商業 （67△）	経営 （335）　経営管理 （336）
交通 （681〜687）	536 （運輸・車両）　537 （自動車工学） 538 （航空宇宙学）　546 （電気鉄道） 550〜557 （海洋・船舶工学）
倉庫業 （688）	経営 （335）　経営管理 （336）
観光事業 （689）	経営 （335）　経営管理 （336） もしくは地理・地誌 （29△）
郵便・郵政 （693）	経営 （335）　経営管理 （336）
電気通信事業 （694）	通信工学・電気通信 （547） 情報工学 （548）
放送事業 （699）	070 （ジャーナリズム） もしくは 361.45 （マスコミュニケーション）

　実際に各6類を理論の分野に配架すると，どんな棚になるでしょうか。イメージがつかみやすいよう，仮の見出し語をつけて書架を視点にした表を再作成してみました（表1-2）。

仮定として，海や山林がなく，兼業農家が多く，小規模の
畜産農家が数件あるという地域を想定しています。そのため，
畜産業は動物学ではなく，あえて農業に近接させてあります。

表 1-2

見出し	NDC
植物 農業	47△（植物）61△（農業）62△（園芸） 640〜648（畜産）65△（森林）
いきもの	48△（動物）649（ペット）66△（水産業）
ビジネス	335〜336（経営）　67△（商業） 688（倉庫業）689（観光業）693（郵政事業）
乗物 交通	536（車両）　　537（自動車，オートバイ） 538（航空機）　546（電気鉄道） 55△（船舶）　68△（交通）
マスコミ	070（ジャーナリズム） 361.453（マスコミュニケーション） 699（放送事業）
パソコン	007（情報科学・データ処理） 547（通信工学）　548（情報工学） 694（電気通信事業，モバイル・携帯電話）

　ちなみに，NDC9 版でもビジネス分野について商業と経済
を分離しないために，673〜676（商業経営，広告，マーケテ
ィングなど）を経営管理の 336.7 のもとに，また，678（貿易）
を国際経済に近い 333.9 に収める別法が用意されています。

14

理論と応用の資料を近くの場所に置くことは，1か所で見られるという便利さだけではなく，その棚の情報に多様性が加わることになります。プラスαのより深い理解や，探している主題に対して違った角度からの情報が得られる機会を提供することができると思うのです。

　とはいうものの，6類の本をそれぞれ上位概念の棚に配架することが，すべての図書館にとって「探しやすい棚」になるわけではありません。たとえば，その図書館が設置されている自治体の主幹産業が農業や林業や水産業のとき，理論である4類の中に単純に吸収してしまうのではなく，産業のほうを独立して配架し目立たせるほうが，その産業に従事する利用者にとって探しやすい棚になる可能性があります。

1.6 棚をリセット，配架の工夫②　別置をつくる

　パソコンが普及しはじめた頃，パソコンやソフトウェア，インターネット関連の実用書が0類と5類の遠距離に分かれてしまうことに悲鳴をあげ，多くの図書館で「別置」を設定してデータを管理し，ラベルシールを追加添付するなどして，情報学の本がひとつの棚で見られるように工夫しました。別置とは，NDCで配架したときの本来の場所から切り離して，別の場所に配架する手法です。この「パソコン」で使った別置の手法を，もっといろいろな分野に取り入れられたら「探しやすい棚」「面白い棚」になるかもしれません。

　まず，パソコン・インターネットと同様，同じカテゴリーなのに複数の棚に分かれている例を考えてみたいと思います。よく問い合わせを受けるのは「発達障碍」ではないでしょう

1章　サインの前に………15

か。なぜこんなに複数に分かれるのか，頭を抱えるところで
す。

　NDC では主題を分類するにあたって，まず，分類対象の
学問分野（観点）を明確にし，その学問分野の下に用意され
た項目に分類するという原則があります（観点分類法）。そ
の資料がどの学問領域に立って書かれたのかが重要視される
のです。その原則に従うと，「子どもの発達障碍」という本
なら，まず依拠する学問分野——福祉や教育，医学など——
に分類され，その後，その本の主題に従って学問分野内に用
意された項目に割り振られることになります。つまり，福祉
的観点から書かれた本なら 369.49（心身障害児福祉）に，教
育的観点なら 378（障害児教育）に，医学なら 493.9（小児
科学）に分類されることになります。

　なんでそんなに分散するのかと困ってしまうのは，私たち
が公共図書館員だからです。公共図書館に発達障碍児の情報
を求めてやって来る人の多くは，保護者や教育現場の先生な
ど直接子どもとかかわり，教育的手法も医学的な理解も，場
合によっては福祉的なサポートの情報も必要としている人び
とです。しかし，あらためて考えてみると，学問領域を優先
して分類するのには十分な根拠があります。たとえば，発達
障碍を医学領域で研究している人にとって，一番関連する主
題は他の医学知識であって障碍児教育ではありません。同様
に，発達障碍児を社会福祉の観点で調査する立場だと，福祉
政策や福祉法令全般のほうが小児科学より優先する主題です。
主題が複数の棚に分かれることに戸惑うのは，私たちが現場
で接する人びとの多くが，それぞれの研究成果を享受する側
におり，問題解決の糸口を見つけるために，学問領域を越え

て多様な情報を求めているからです。

　そこで「別置」の登場です。図書館の現場で接する人たちのニーズに合わせて分類を加工するのです。「別置」を使うと、障碍児を支える「障碍者福祉」も「障碍児教育」もまとめて、同じ棚で配架することができます。必要に応じて小児科学に分類されている「発達障碍」も一緒に別置することも考えられます。

　別置で集めた本は、「教育」と「福祉」のどちらに配架すればよいでしょうか。この点については、他のジャンルとの関係性と、その館での利用のされ方、どんな棚をつくりたいか等の側面から考えるとよいかもしれません。たとえば、「障碍者福祉」を「障碍児教育」のほうへ集めて別置し「教育」の棚に配架したとき、「福祉」の棚を視点にすると、他の社会福祉の主題から「障碍者福祉」の情報が抜け落ちた配架になってしまいます。それよりも、「障碍児教育」を「福祉」の棚のほうへ収めたほうが主題の流れもよく、また、「障碍児教育」を利用する人にとっても、関連主題として、「障碍者福祉」のほか「児童福祉」（369.4）も一緒にみることができます。

　それでも、障碍をもつ子どもにかかわる情報は、教育の文脈の中で配架したいというときもあります。たとえば、別置を使って、障碍をもつ子どもも含めた、すべての子どもの育ちにかかわる情報を集約した棚をつくりたいというときです。その場合は「障碍者福祉」から子どもについて書かれたものだけを抜き出して、「教育」へ別置する方法も考えられます。いずれにしても、情報が抜けた移動元の棚には「を見よ参照」のサイン――「障碍児教育は○○の棚にあります」など――をつくり、新しい配架場所を知らせる必要があります。

1章　サインの前に………17

はじめに例をあげたマスメディアの別置も考えてみます。マスメディアはメディアの媒体別——新聞と放送事業——と社会学と3つの分野に分かれています。この分野を探している人の多くは、レポートを書こうとしている学生かもしれません。レポートのテーマに一番近いと思われる分野に案内すればよいのかもしれませんが、参考になる本が別の棚にもありますと知らせたくても、3つの分野に場所が散っていては館内を大巡回してしまうことになりかねません。これも別置を使って、070（ジャーナリズムと新聞）、361.453（マスコミ論）、699（放送事業）をまとめると、報道の自由、ジャーナリズムと社会、テレビ制作の現場の話、テレビの社会的影響、マスコミ一般論、社会学的観点によるメディア研究など、マスメディアに関する情報が集約された棚ができあがります。

　また、情報を集約するということは「探しやすい棚」だけではなく、「面白い棚」にもなる可能性があります。それぞれの分野に分散して配架されていると冊数も少なく目立たない主題ですが、集約することでボリュームが出るうえ、主題の観点も多様になり、現代のメディアのあり方を語ることのできる棚になるかもしれません。そうなると、単にレポートに便利な棚というだけではなく、ブラウジングする人が立ち止まるような好奇心を刺激する棚にもなりそうです。

　特に、ジャーナリズム（070）のある0類の棚は、多くの図書館では隅に配架されていて、目的をもって探さないかぎりは出会うことは難しいところです。けれども、テレビやインターネットで大量の情報を浴びる今日、報道の自由や倫理、ジャーナリズムの問題をはじめ、マスメディア全般について、潜在的に興味や疑問をもっている人は多いはずです。

さて，この「マスメディア」を集めた別置の配架場所は，ジャーナリズム（070）かマスコミ論（361.453）の二択が考えられそうです。070 の周辺には，図書（020），著作権（021）や出版（023）など関連主題がある一方，361.4 に配架した場合には，社会心理学，群集心理，コミュニケーション理論，文化社会学などが周囲にあり，社会学の観点からマスコミ論を把握できるようになります。

　他にも例をあげると，369.26（老人福祉・老人介護），ここには認知症の介護や予防に関する本も分類されます。身近な人が認知症になったとき，介護の手法も医学的情報も併せて知りたいものです。問い合わせを受けて，老人福祉とともに精神医学（493.7）の棚にある認知症を案内することも多いと思います。けれども，ほとんどの利用者は自分で本を探そうとします。介護福祉，医学どちらかの棚を見つけて，それが図書館にある「認知症」の棚のすべてだと判断することもあると思うのです。介護の本にも医学的根拠について書かれていたり，医学の本に介護方法について記載があったりします。そのため「認知症」に関する棚が他にある可能性を疑うこともなく，必要な情報の半分だけを利用しつづけることもあるかもしれません。

　そこで，出会いの場所をできるだけシンプルに，ワンスポットにすると，不幸なすれ違いは避けることができます。具体的には，精神医学の中の 493.75（器質的精神病）から高齢者の認知症の本を抜き出して，369.26（老人福祉・老人介護）の棚へと別置することで，介護と医学情報の両面から認知症の理解を助ける棚をつくることができます。その棚にやって来るのは高齢者やその周辺で支える人たち，つまり高齢者の

問題全般に対して敏感に情報を欲している人たちです。そこで、367.7（老人問題）も一緒に別置するとどうでしょうか。今度は高齢者の社会的問題、老後の生活術、終活などの情報が加わり、認知症や介護だけではない高齢者の暮らしの質を高める情報を集めた棚ができるのです。

　一方で、医療情報を集約したコーナーをつくって展開するときには、配架方法の選択肢が増えるかもしれません。今度は、この369.26（老人福祉・老人介護）を関連主題として「医学」のほうへ別置することも考えられます。

　このように別置を使うと、情報を利用する人のニーズにあわせて拡散する主題を集約し、学問分野を越えた棚をつくることができます。どの主題を別置するかは、各図書館の利用実態とともに施設の構造や棚の配置などにも左右されるため、一概にいえないかもしれません。けれども、別置を発想するときの基本は、本を案内するとき、いつも複数の棚を回遊している主題を洗い出すこと。そこから自館に適した別置案を考え、現実の棚にどう落とし込んでいくか計画していきます。

　利用者は謙虚です。図書館員に何度も質問を繰り返すような「わがままな利用者」になりたくないと思っています。そのため、本の場所のような基本的なことはシンプルにわかりやすくし、できるだけ自分で探し出せる棚をつくっておくことで、利用者はもっと気軽にレファレンスをすることができると思うのです。

1.7　棚をリセット、配架の工夫③　コーナーをつくる

　今度は、この別置をより積極的に使う方法を考えていきた

いと思います。テーマを設定し，それに基づいて本をいろいろな分類から拾い集めて棚をつくる手法です。

　テーマを決めて本をセレクトするという意味では，テーマ展示（特集展示）と似ています。テーマ展示は，利用者が自分でも気づいていなかった読みたい気持ちを刺激するために，いろいろな分類からテーマに沿った本を集めて陳列する手法です。けれどもテーマ展示は短期間の仮設で，展示する本も少量厳選しています。よく利用され問い合わせも多いもの，地域の課題となっていること，長期にわたって社会的な問題となっていること。そのような主題に関しては，テーマ展示よりも広範囲に網羅的に本を集めて棚の中で常設してしまったほうが，「探しやすい棚」「面白い棚」に，場合によっては「問題を提起する棚」になる可能性があるかもしれません。

　多くの図書館で採用されているテーマを設定した配架というと，毎日の暮らしに役立つ利用頻度の高い情報を集めて，使いやすい場所に設置したコーナーでしょうか。「くらしの本」「生活の本」などの名称をつけ，料理や掃除や収納，冠婚葬祭のしきたり，簡単な手紙の書き方やスピーチ，消費者問題など，主題は各図書館でさまざまですが，生活の中のちょっとした「困った」に答えるクイックレファレンス的な棚です。

　この「くらしの本」のような手法を使って，いろいろなテーマを設定し配架に用いるとどうでしょうか。常設で情報提供したいテーマについて別置を設定し，いろいろな分野から本を集めて配架するのです。先ほどの主題が分かれてしまう対応策としての別置とは異なり，積極的に情報をセレクトして提供するための別置です。

　たとえば，「環境」。狭義には，519に公害，環境工学の主題

があり，518.5にはごみ処理・リサイクルがあります。しかし，日々のニュースで流れる「環境」は，もっとさまざまな主題を含んでいます。地球温暖化なら451.85（気候変動），地球の砂漠化は454.64（砂漠），森林破壊・森林保護は654（森林保護），水資源や世界の水問題に関する本なら517（河川工学）。壊れゆく自然を撮影した写真集なら748にあるかもしれません。このように，テーマに関するものを図書館のコレクションの中から探してセレクトし，棚をつくっていくのです。

　もちろん，テーマに関連するものなら，何でも機械的に集めてしまえば探しやすくなるかというと，そうではありません。たとえば，自治体内に山林があり林業が行われている場合，654（森林保護）は「環境」コーナーに別置するよりも，65△（林業）の中で配架したほうが，町の産業を多角的にサポートできる可能性もあります。セレクトするときにふと立ち止まり，もっと適切な選択肢はないか発想してみることも必要かもしれません。

　今度は「ビジネス」をテーマに考えてみます。先ほど理論と応用の関係にあると紹介した335，336（経営）と67△（商業），これをあわせて配架すると，経営学，起業，会計や人材育成，ビジネスマナー，事務管理にプラスして，販売や接客，クレーム対応，マーケティング，広告など，広くいろいろな職種で使えるビジネス関連の棚になります。そこに366（労働問題）もあわせると，労働法，失業や就職，労働条件や労働者の保護，就業規則，賃金といったテーマも加わります。実用的なビジネス本とともに，働く人を守る本，たとえば，就職活動や面接の受け方，ハローワークの活用，職場の人間関係やパワハラ，過剰な残業などブラック企業の問題，

今の日本の働き方を問う本などが集まることになります。

　また，NDCでは366にいろいろな資格の取り方が載っている総合的なガイドブックが分類されますが，個別の資格の取り方の本になると，それぞれの資格の主題のほうへ配架されることになります。これらを各主題から集めて「資格の取り方」としてくくり，「ビジネス」コーナーに配架すると，この棚の就職サポートの面を強化することができます。ただ，個別の資格取得の本については，集約せず各主題の棚に配架するメリットもあるのです。資格取得の勉強のために参考になる周辺の本も一緒に見ることができるからです。そのため，「資格取得」をどのように配架するかについては，利用のされ方や，資格取得のための本をどの範囲，レベルまで選書するか等も視野に入れて判断することが必要になります。

　そのほか，企画や営業のための資料として各種統計資料を「ビジネス」として配架することも可能です。159（人生訓）の中にあるビジネスに関する格言も抜き出してくると，利用されやすくなるかもしれません。書店ではビジネスコーナーに置かれていることも多い本です。

　「子育てサポート」というテーマを設定した場合を考えます。中心になるのは，598.2（出産），599（育児），379.9（家庭教育）。子育てする保護者をサポートする棚です。ここに493.9（小児科学）にある家庭の医学書も加えると，子どもの健康について不安なときの救急箱として，すぐ手に取ることができます。また，なかなか目につきにくい分類にある「子育て情報」を探して一緒に配架すると，よく利用されるようになるかもしれません。

　たとえば，子育てのための各種支援制度の解説，保育園の

1章　サインの前に………23

ガイドブック——『まるごとわかるはじめての保育園』のような——や相談機関の案内は369.4（児童福祉）にあります。その情報を探している人でないかぎり，ブラウジング中に出会うことは困難かもしれません。けれども，「子育て」コーナーに置くと出会える頻度は各段に上がります。

　赤ちゃん服，子どもの小物など手芸の本も置き，726.1（漫画）から子育てマンガをもってくると，ほっこり息抜きのできる棚に，367.6（児童・青少年問題）も配架すると，子どもを取り巻く社会的な問題——虐待，貧困，ソーシャルネットワーキングサービス（SNS）と子どもの関係，子どもの権利など——までをカバーする硬派な棚になります。

　また，この「子育てサポート」コーナーを，学校教育，幼児教育など教育分野の棚の近くに配置すると，子育てにとどまらず，子どもの教育を総合した配架構成になります。

　この手法の利点は，必ずしもそのテーマに関する本すべてを別置しなくてよい点です。たとえば，「戦争を考える」をテーマに本をグルーピングしようとしたとき，歴史，地理，各国事情（302），戦争と平和（319.8），9類の戦記・ルポルタージュ，写真集などの分野から本を選ぶことが考えられます。けれども，世界中で戦争やテロが絶え間なく起きる現代，戦争をテーマにした本は多く，すべてを対象にしていたのでは，この「戦争コーナー」はとんでもなく膨れ上がってしまいます。そこでコーナーに置く本を，たとえば主題に真摯に向き合い書かれた本，他とは違った視点で書かれたもの，視覚的に訴えるものなどと厳選していくと，結果として，コーナーのテーマをより明確に訴える棚ができると思います。それでも，コーナーから本があふれたときには別置を解除し，

24

元の分類の棚に配架することも可能です。もちろん，コーナーを計画する段階で，テーマに関する主題をできるだけ網羅して集め一覧できる棚にするのか，それとも情報をある程度切り取ってセレクトし陳列する棚をめざすのかを決めておくことが必要です。

　テーマで本を集めてコーナー配架することは，利用者の疑問や好奇心を予測して棚を編集する作業です。テーマの設定次第，選ぶ本次第で，単純に探しやすい棚を越えて，ブラウジングして楽しい棚，レファレンスを先取りした棚，地域課題や世界の問題に対峙した棚まで，いろいろな可能性が広がると思います。いずれにしろ，「編集」という作業が入ることで，NDC の順列で本を並べたときには生まれなかったコレクションの新しい魅力が見えてくるはずです。

1.8 配架で迷子にならないための別置のコツ

　こんなにたくさんの別置をつくると，返本作業が混乱するのではないかという切実な問題に移ります。大丈夫です。準備さえ整えれば，返本については心配いりません。

　まず，装備の面では分類ラベルのサイズの半透明のカラーシールを使います。別置するテーマごとに色を決め，分類ラベルの上に貼ると，環境ならミドリ，福祉はキイロと，色別で何のテーマの本なのかひと目で判断できるようになります。

　半透明シールはラベルの上に添付しても請求記号が読めるため，別置先の棚に配架するときも，本来の請求記号を活かして並べることができます。また，はがしやすいというのもポイントです。試行錯誤の棚づくりで，やり直しがきくとい

1章　サインの前に………25

うのは気がラクになるものです。

　本を手にしたときには何の別置か判断ができたとしても，はたして検索で本の場所が特定できるのかという不安が残ると思います。これについては，データ上に「別置」を設定することで解消できます。「場所コード」「別置コード」など，使用している図書館コンピュータシステムによって呼び方は異なりますが，ほとんどのシステムで対応している機能です。「ビジネス」や「環境」など，テーマごとに別置コードを設定しておくと，検索時に別置のテーマ名が表示されるので，本の場所はすぐにわかります。OPAC（利用者用開放端末）でも同じようにテーマ名が表示されるうえ，システムによっては配架地図上でどこにあるか知らせてくれます。

　ここまで準備したら配架作業は時間の問題，はじめは戸惑ったとしても必ずすぐに慣れます。はじめて図書館で働くようになったときや異動した直後は，本の配置がわからず，請求記号の順番をなぞるように移動し配架していたと思います。けれども，脳内に図書館の配架図ができあがると，「この請求記号ならあのあたり」と見当をつけて棚に直行できるようになります。それと同じで，慣れてくると「この色のシールはあの棚」と場所を感覚的に把握できるようになるので，意外にカンタンなのです。

　参考のため，巻末に愛知川図書館で採用していた別置とコーナーの表を紹介しています（資料1および2）。

1.9 探しやすさを求めて①　動線をよくする

　ここまでの作業で，応用分野6類をそれぞれ上位概念とな

る理論の分野のほうへと組み替え，別置を使っていろいろな
コーナーをつくり，NDCを越えて関連する主題をグルーピ
ングするところまで完成しました。次は，図書館のフロアを
イメージしながら，各主題をどのような順番で棚に配置して
いくのかを考えていきます。といっても実際に計画するとき
は，本のグルーピングと同時進行でフロアの配置も考えてい
くことになります。グルーピングだけが先行すると，物理的
な棚の配置にそぐわず，うまく収まらなかったり，スムーズ
な動線をつくるのが難しくなったりするからです。

　さて，配置を考えるときには，その図書館のフロアの特性
を把握しながら作業を進めていくことになります。

　たとえば，入口やカウンターの近くにある，動線が集まり
やすく目立つ棚に何のジャンルをもってくるか，児童室との
動線上にある棚には，どのジャンルがあると子育て世代に使
いやすいか。また，AV資料の利用が多い館であれば，AV
架を動線が集中する中心として周囲の配架を計画することが
可能ですし，雑誌架も同様です。そのほか，人のにぎわいが
多いところ，奥まった場所でゆっくりとした読書に適してい
る場所など，フロア環境に適したジャンルを配置することも
大切です。

　フロアの特性を生かした大雑把な配置イメージができたら，
次は，より細かいジャンルの配置を計画していきます。ここ
でも大事にしたいのは「動線」です。これまでの別置作業で
関連主題をグルーピングしたため，動線はずいぶんよくなっ
ていると思います。今度は，そのグルーピングでできたジャ
ンル同士の関係を考え，相互に利用されることの多いジャン
ルが近くになるよう配置し，フロア全体で動線が自然で，歩

いていると使える本，面白そうな本にどんどん出会えるような棚に近づけていきます。そのためには，直接的には同じ分野ではないものの，互いに関連があり近接させると便利なジャンルとは何かを考えます。

　たとえば，愛知川図書館では，598.2（出産），599（育児）と379.9（家庭教育）を「子育て」コーナーとし，それに関連づけて近くに教育（37）を配置。さらに，教育の主題378（障害児教育）との関係を考えて，その後に福祉が続くよう配置しました。秦荘図書館では「世界の国々」——世界の歴史と地理，各国事情を混配し国別に並べた棚——と戦争を考えるコーナー，日本の歴史を順に配架し，その近くに哲学，神話，宗教と民俗学を並べました。世界の歴史や情勢を学ぶとき，思想や宗教など基盤となる文化も知ることで，理解が深まるのではないかと想定したためです。

　他にどんなジャンルを近接させると便利になるでしょうか。棚の物理的な制約は無視して，組み合わせの可能性を自由に発想してみましょう。

　教育現場や家庭教育の立場では，教育と福祉が近くにあると子ども理解の助けになります。けれども，福祉の専門職や学生は福祉と医学や看護の両方を利用します。

　歴史と民俗学，民俗学と宗教，宗教と歴史，この3分野についてはお互いなじみがよいようです。その中の宗教ですが，芸術作品のモチーフにされることも多く，特に近代以前の作品では宗教を理解していないと，何を表現しているのかさえわからないものもあります。そのため，宗教と芸術を近接させることも考えられます。

　心理学は，1類の中で哲学，倫理学，宗教と並んでいても，

こころの領域を扱う学問という意味において違和感はありませんが, 教育心理学 (371.4) の棚にやってきた人にとっては, 教育の近くに心理学があると理解の助けになります。一方で, 類似主題である精神医学と心理学が遠く離れてしまっていることを考えると, 医学の近くに配置することも自然です。

　哲学に心理学や宗教以外で近接できるものは何かと考えて思いついたのが, 309 (社会思想), 311 (政治思想) です。哲学者が書いたものでも著作のテーマに従って配架されます。そのため, マルクスは社会思想にも, ルソーやロックは政治思想の棚にも本があります。哲学のレポートを書くために図書館に来た学生が戸惑うところです。

　工業関係の本を利用する人が, 数学や化学の本も一緒に借りるケースはよくみられます。40 (自然科学) 〜43 (化学)と5類 (技術工学) は親和性が高いようです。また, 工業に関しては, 生産管理, 品質管理 (509.6) を経営管理 (336)の近くに置くことも考えられます。NDC でも 509.6 を 336.6とする別法が設けられています。製造業が盛んな地域なら, 59 (家政学) を除く5類の工学, 工業を 335, 336 (経営)の近くに置き, 「ビジネス」のコーナーとする選択肢もあります。

　冒頭の例, 民俗学の次に並んでしまう軍事の問題についての解決方法も考えてみました。319 (外交. 国際問題) や312 (政治史・事情) の近くに配架するほうが違和感は軽減されそうです。

　他にもいろいろな組み合わせがありそうですが, 関連するジャンルをすべて近くに配置させることは, もちろん物理的に不可能です。そこで, 実際の利用の様子や自治体の産業構

造，近隣の大学や専門学校の専門科目内容などをもとに，それぞれの館の動線を予測して優先順位をつけることになります。

「動線をよくする」ということについては，ただ類似主題を近くに配架したり，テーマで配架したりというだけでは解決できません。どの類をどういった順番で並べるのか，グルーピングした主題をどのように配置するのかなど，フロア全体を視野に入れた配置も考慮しなければなりません。また，施設の構造も条件となります。入口やカウンター，階段やエレベーターの位置で人の動線はどう変化するのか，椅子やソファーのくつろぎスペースの周囲の棚をどう使うのかも計画するポイントです。

さらに，利用頻度が高い主題について，使いやすさを考えて目立つ場所に配置することは基本として考えられますが，それも一律ではないようです。たとえば医学などは利用頻度が高くても，目立つ棚よりもプライバシーが保たれる奥まった棚に配架することが優先されると思います。

図書館の中の人の動きや資料の使われ方など，まず観察からスタートです。

コラム　　　　　　　　　　　　　　その1

書架と動線の関係

　動線を考える前に，まず書架に対して人はどのように動くかについて復習してみます。

　どの図書館でも，人は棚に対して左から右へ移動すること

を想定して本を並べていると思います。それでは,複数の棚に対しては,人はどのように移動するのでしょうか。次の図 1-1 のように棚が並んでいる場合を基本形として考えてみると,人の動きは,棚の左から右へと移動し,端まで達すると側板を回って裏側の棚に移動することが予想されます(図 1-1 の実線矢印)。スペースは障壁であると考えるため,通路を挟んだ横の棚への移動(点線矢印)が,棚の裏側に回る実線矢印の動線より優先することはないと想定します。そのため,本を並べるときも,実線矢印の動線,棚の裏側のほうに強く関連するジャンルを並べることになります。通路を挟んだ棚にはその動線よりも関連の薄いもの,もしくは異なるジャンルのものを配架することになります。本が入らなくなったからといって通路を越えた横の棚に移動させてしまうと,想定した動線に反しているため探しにくい配架になる可能性があります。

しかし,すべての棚にこのような動線が予想されるとは限りません。棚のデザインや配置の仕方で人の動きは変化すると思います。たとえば,1本の棚に 1 ~ 2 連しかないような幅の短い書架の場合は,わざわざ側板を回って裏側の棚を見るような移動よりも,書架間の通路を越えて点線矢印のように平行移動するのが自然な動きだと考えられますし,また,L字型に配置した棚やコの字型に配置した棚の場合も,書架間の通路を越えて平行に移動するほうが自然な場合もあります。

動線のよい棚づくりを計画するとき,まず自館の棚の配置では,どのように移動するのが人の生理にかなっているのかを見極めることが必要なのです。

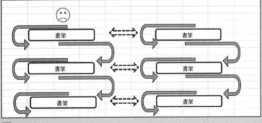

図 1-1

1.10 探しやすさを求めて②　回遊をうながす

　これまで，当然のように「動線がよいこと」＝「移動距離が短いこと」を前提にして考えてきました。なるべくムダな移動をなくして本が見つかることが，ブラウジングしやすい棚の条件としていました。ここで，その前提をひっくり返してみましょう。

　岡山県瀬戸内市に待望の図書館，瀬戸内市民図書館「もみわ広場」が2016年6月に開館しました。「もみわ」とは瀬戸内市の図書館の基本コンセプトである「もちより・みつけ・わけあう広場」の頭文字をとって命名され，市民一人一人が知りたいことや学びたいことを図書館に持ち寄り，答えを見つけ，それを他の人に伝えて分かち合う，そのような学びの循環を生み出していく場でありたいという思いが込められています。

　市民図書館の建物は，建築面積 1,496㎡，延床面積 2,399㎡の2階建て，大きなガラスの壁面から瀬戸内の明るい陽射しを取り込む気持ちのよい造りになっています。しかし，狭い建築面積にある程度の開架面積を確保するため，細長いL字型の2階構造になっており，関連主題を近づける配架を考えるうえでは大変悩ましい建物ではないかと想像します。

　1階フロアのLの短い辺にあたる棟には，「こどものほん」のコーナーと「子育て親育ち」のコーナー（幼児教育，家庭教育ほか子育て情報）に雑誌コーナー，長い棟には文学と家政学，福祉，園芸，ペットや趣味の本があります。2階フロアの短い棟はYAコーナーの「チャダルトガレージ」[1] とAV資料，芸術，宗教，哲学，長い棟には，農業からはじま

32

り最奥の歴史・地域資料に向かって，関連し合うジャンルが近くになるよう配架されています。たとえば，教育⇔心理学⇔医学⇔福祉と心理学をはさんで関連するジャンルが配置され，相互にブラウジングできるように工夫されています。

1階，2階ともに「福祉」が登場していることに疑問をもたれたかもしれません。瀬戸内市民図書館では，一般書のコーナー1階にある文学，59△（家政学），79△（諸芸・娯楽）以外の分類は2階フロアにも配置されています。たとえば，日常生活にかかわりの深い福祉・家庭教育については，入門レベルの読みやすい本の一部を1階に，2階では入門レベルから専門書までの本が一覧できるようになっています。

具体的に例をあげると，「発達障碍」の本は，1階の「こどものほん」と雑誌コーナーの間に位置する「子育て親育ち」に入門書だけが配架され，それ以上のレベルの本を求めるときには，「をも見よサイン」に導かれて2階の福祉の棚に行くことになります。1階の「子育て親育ち」にある入門書は，潜在的にそのジャンルに興味をもちそうな人びとが集まる場所に配架されることで，「をも見よサイン」とともに，本そのものが2階への誘導サインになっているのです。サインだけで「発達障碍の本は2階にあります」と案内されるよりも，その分野の一部も「見本」として配架されていると，「もっと知りたくなったら2階にあがろう」という気持ちが強くなると想定してつくられた棚なのです。

このような2階構造で狭く複雑なフロアの建物のとき，「動線を短くする」ことを念頭に配架を考えると，おそらくどちらかの階に分野が集中してしまいます。そこで，あえて動線を長くするよう発想を転換し，移動の過程でいろいろな本と

1章　サインの前に………33

出会えるようフロア全体の回遊を促す配置にしているのです。

　短所は，移動が長くなることに加えて，一部の入門書が別置されているためジャンルの網羅性に少々欠けることですが，大きな長所として，初学者に手を伸ばしやすい棚になっているのではないかという印象をもちました。たとえば，「発達障碍」について基本的な理解を簡単に得たいというとき，通常なら，入門書から専門書までいろんな難易度の本が混配された棚の中から，それに見合った適切な本を探し出すことになります。ときには，専門書の難しいタイトルの本の羅列に心が折れそうになるかもしれません。もちろん，初めからいろんなレベルの情報を入手したいというときもあるでしょう。しかし，1階で出会った入門書である程度の知識を得て，もっと詳しく知りたくなったら2階にステップアップするというように，難易度のグラデーションが物理的な棚でつけられていることは，学びの入口が広くなっているように思えます。

　瀬戸内市民図書館の「回遊を促す棚」は，多層階の図書館だけではなく，ワンフロアであっても面積が広い図書館にも応用できそうです。

　「瀬戸内市民図書館もみわ広場」のホームページをぜひご覧ください[2]。

コ　ラ　ム　　　　　　　　　　その2
瀬戸内市民図書館の「をも見よサイン」

「をも見よサイン」は，他の棚にある関連分野の存在を利用者に知らせるためのサイン。書架サインとして「ビジネスの本

は〇番の棚にもあります」というような文面で案内するものです。

前節で紹介したように、瀬戸内市民図書館の棚は分野によって1階、2階のどちらにも配架されています。そのため利用者が迷わないように、「をも見よサイン」をわかりやすく表示することが大切になってきます。

そこで、デザインされたのが次の写真（図1-2）にあるような配架図タイプのサインです。1階、2階の地図と現在地、「をも見よ」で指示する棚位置が、矢印とことば、棚番号で記されています。これなら、相当な方向音痴でも迷わず目的の棚まで到達することが可能です。

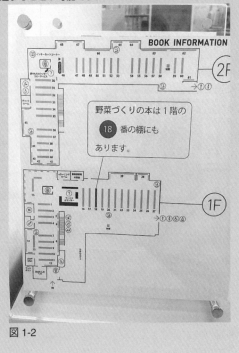

図1-2

1.11 リニューアルしたらこうなった,秦荘図書館

それでは話を戻して,秦荘図書館リニューアル作戦,その後の結果を紹介していきます。

ここまでの過程で大量の本を書庫に入れ,別置やコーナーをつくり,NDCの順列で配架していた開架フロアの本約3分の2を移動して,動線のよい構成に再配架しました。約1年間の作業です。

図1-3 秦荘図書館 入口から一般室の風景

秦荘図書館のフロア構成は大きく3つに分かれており,カウンターに向かって右側に参考図書のエリア,中央の広いエリアが一般書のコーナー,雑誌架をはさんで左側に児童コーナーが配置されていました。その参考図書エリアの規模を縮小し,地域情報コーナーと健康情報コーナーを新たに設置し

ました。

9 類文学の棚は，縮小したものの配架位置はそのまま，家政学関係の図書は，もともと児童コーナーに一番近い棚が割り当てられ動線が確保されていたため，これもそのままの配置になっています。

（1） 地域資料コーナーはこうなった

地域資料コーナーは，リニューアル前には参考図書エリアの一角の書架が割り当てられ，スペースとしては小さなものでした。しかし，書庫には地域に関する本に加えて，雑誌記事や各種パンフレットなど細かな情報もていねいに拾い集められ，クリッピングし保存されていました。この蓄積された仕事を開架に配架し，出版されたばかりの町史とともに，郷土の歴史をアピールすることにしました。コーナーの名称も新しくつけました。「えちがわ」と「はたしょう」と「棚」で「えちはたな」。ダジャレです。

秦荘地域は，湖東三山の金剛輪寺，近江上布や秦荘紬などの伝統織物，独特のねばりをもつ滋養豊かな秦荘やまいもなど，地域の人びとが守り続けている名所名産があります。そこで，NDC 順に配架した滋賀県に関する地域資料とは別に，愛荘町の資料は歴史，人物，文学をはじめ各名産や伝統工芸などの名称そのままをサインにし，本もクリッピングもそのサインのもとに集めました。大文字で目立つサインにすることで，調べものに来た人だけではなく，通りがかる人にも愛荘町の文化を「見える化」してアピールしようとしたつもりです。秦荘地域だけでなく愛知川地域の資料も同様に配架することで，相互の歴史文化をもう一度学び合い，新しい町の

1章　サインの前に………37

アイデンティティをつくっていこうという思いをこめました。

図1-4 「えちはたな」の愛荘町サイン

(2) 健康情報コーナーができました

その「えちはたな」の隣には，健康情報コーナーを新しくつくりました。こちらの名前は「ほすぴたな」。ホスピタル（病院）とホスピタリティ（親切にもてなすこと）の「ほすぴ」に「棚」をかけて命名しました。やっぱりダジャレです。「健康情報棚プロジェクト」代表の石井保志さんから，知識とノウハウと情熱と「闘病記文庫」のための1,000冊以上の寄贈本をいただき，できあがったコーナーです。

「健康情報棚プロジェクト」は「自分や身近な人が病気になったとき，支えになってくれる本が手にとれる場所をつくりたいという思いからスタート」[3]した図書館員，看護師，

ジャーナリスト，研究者，患者当事者などで構成された民間研究グループで，闘病記や患者会資料を，新たな分類，展示法で誰でも探しやすくする活動を展開しています。具体的には，闘病記を従来の文学等ではなく，病名で分類し一括配架をする「闘病記文庫」を提案し，その設置方法や病名分類のためのリストを「闘病記文庫棚作成ガイドライン」として公開しています。

図1-5 「えちはたな」と「ほすぴたな」

　秦荘図書館の「ほすぴたな」でも，この「闘病記文庫棚作成ガイドライン」を参考に棚づくりをしました。そのため，なぜ医学のコーナーに「闘病記」が必要なのか，補足的に説明しておこうと思います。
　「健康情報棚プロジェクト」では，闘病記を患者が病気と向き合い共存していくための「生き方情報（生活情報）」であると捉えて，医学書など「医療情報」と補完し合うものだと位置づけています。
　もしも自分や家族が病気になったとき，求めるのはどんな

情報でしょうか。まずは病気に対する知識，医師の診断を理解し，ときには治療法を選択するための医療情報が必要です。それとともに，闘病中の生活や仕事，経済的な問題，家族との関係など，いろいろなことが頭によぎり不安になると思います。けれども医学書には，症状や治療法，薬などの医療情報は載っていても，患者がもつ不安について軽減してくれるような内容までは書かれていません。

　一方，闘病記には同じような不安を経験し乗り越えてきた過程が綴られています。闘病生活の実態，その中で工夫してきたこと，治療後の暮らしなどは，体験者だからこそ伝えることのできる病と向き合うための生活情報です。病気になって戸惑う患者は，それらの生活情報を得ることによって，今後の闘病生活の見通しが立ち，不安が少し解消され，これからのことを考える余裕をもつことができると思います。何よりも自分と同じように苦しんできた人がいるという共感が，これから病気と向き合う力を与えてくれるのだと思います。

　病気とつき合う期間の長さのことを考えると，このような生活情報である闘病記が，病院図書室だけでなく公共図書館に設置されることに大きな意義があります。すべての病気が治療を受けたら完癒し解決するものではないからです。慢性疾患で闘病が長期化するケースや，再発や後遺症，以前の体ではなくなった喪失感と折り合って，以降の人生をすごさなければならないこともあります。退院した後も病気と何らかのかたちで共存し暮らしていく患者にとっては，身近な公共図書館で生活情報が得られる利便性はとても高いのです。

　そのように生活情報として闘病記を活かすためには，病名で詳細に分類することが必須です。たとえば「がん」で考え

ると，部位によって治療法も経過もまったく異なるため，「が
ん」で一括りするのではなく，「胃がん」「乳がん」など，細
分化した病名で分類することになります。

　秦荘図書館では，闘病記を集めて別置するだけではなく，
闘病記の病名分類サインのもとに医学情報も統合して配架す
る「健康情報棚」として，「ほすぴたな」を設置しました。
どのような棚なのかを理解しやすくするためにも，「乳がん」
のサインのもとに集まると想定される本をあげてみましょう。

　医学情報として，家庭医学書の「乳がん」，看護職の専門
書の「乳がん」，「患者さんのための乳癌診療ガイドライン」，
抗がん剤や治療についての概説書。国立がん研究センター作
成の小冊子やパンフレット類は背がないので，病名を記した
ボックスファイルにまとめて配架しておきます。そのほか，
乳房再建や，再発・転移に関する医学書など。また，生活情
報として，闘病記や患者会資料とともに，お母さんが乳がん
になったとき子どもに説明するための絵本も一緒に配架して
おくと，児童室の絵本コーナーにあるよりも必要とする人の
手元に届きやすくなるかもしれません。

　このように，ひとつの病名サインのもとに，病気の発症時
から治療中，治療後の暮らしや介護方法，家族との関係など，
長いスパンで病気と向き合う情報がワンスポットで一覧でき
ることをめざした棚なのです。

　秦荘図書館の「ほすぴたな」は，町内に大きな病院がない
うえ，医学分野の利用の内訳が民間療法に大きく偏っていた
ことに対する危惧から生まれました。いわば，健康医学情報
が適切に提供できる棚をつくる必要性からスタートしたコー
ナーです。

1章　サインの前に………41

一方，同じ滋賀県で愛荘町の隣，東近江市立能登川図書館の健康情報コーナー「バオバブ」は，さまざまな立場の人びとが地域医療福祉のあり方を議論した中から生まれました。

　滋賀県の東近江健康福祉事務所の呼びかけで始まった「地域から医療福祉を考える懇話会」（以下「懇話会」）では，「市民・介護事業者・医療関係者・宗教家・行政・図書館など様々な立場の人々が」[4]委員となって，安心して医療，保健，福祉，介護が受けられる地域づくりをするため，地域の医療福祉の仕組みを育て充実させる議論や検討を重ね，提言活動を行っています。委員として参加した東近江市立図書館は，懇話会での議論を受けて，「地域医療をとりまく環境についての知識や情報を積極的に収集し提供する」[5]役割を担おうと，2009（平成21）年に健康医療情報コーナー「バオバブ」を開設しました。

　その棚づくりは，秦荘図書館と同様，「健康情報棚プロジェクト」の「闘病記文庫棚作成ガイドライン」に沿って整理され，闘病記と医学書の混配が行われていますが，医療や健康だけにとどまらず，さらに幅広い範囲の情報が収集されています。それは懇話会の目標，「生まれてから亡くなるまで，誰もが生き生きと東近江地域で生活できること」[6]を支えるために，「出産育児」「食の安全」「健康法」「女性の健康」「福祉」「介護」「医療をとりまく環境」「いのちをみつめる」といった柱立てで，市民の一生を支える棚づくりを指向したためです。

　地域の医療福祉を考える人びととの連携から生まれたコーナーは，その後の事業などもそのかかわりの中で企画するなど，地域とともに歩み続けています。

図1-6 「がん」のもとにたくさんの疾病サインが集まります。これでもまだ一部分です。

　闘病記を医学のコーナーに配架し,「闘病記コーナー」や「健康情報棚」を設置することは,その館の方針やスペースの問題もあるかもしれません。しかし,医療情報はどこの図書館でも要求が高い分野です。それなら潜在的に,病気と共存する人を支える生活情報もともに求められているのではないでしょうか。生活情報は,病と生きる人びととその家族の大きな支えとなります。

図 1-7 「乳がん」サインのもとに，一般向け医学書と看護系医学書（検診，治療，リハビリ，再発，乳房再建）と闘病記をまとめて配架。

図 1-8 自立しないパンフレット類は，装備せずクリアファイルに入れてボックスファイルに配架。簡易なリーフレット類は手間を省くため，装備・データ作成も省略して貸出手続きをしました。「手間を省く」方法を用意しておくと，チラシなど簡易な情報も気軽に収集できます。愛知川図書館の地域資料コーナーの手法です。

(3) ビジネスコーナーもできました

　ビジネスコーナーは，335〜336の経営・経営管理と366の労働問題に67△の商業を合わせて配架しました。また，第二次産業が盛んな町の特性を考慮して，500からはじまる工業・土木・建築・製造業の本を，その向かい合わせの棚に近接するようにしました。また，経営，就職，工業に関連するチラシやパンフレットも並置し，近隣地域で受講できる講座やイベントなどが一覧できるようにしました。ビジネス分野に限らず，図書館に送付される講演会や講座の案内をチラシ架に集約して置くだけではなく，各関連主題の棚にも配置すると，今すぐ役立つ地域の情報が必要とする人に届く可能性が高まります。

　もちろん，335，336の経営や67の商業を合わせるだけでビジネスコーナーの完成とはなりません。ただ，比較的どの職業でも利用されそうな資料をまとめて一覧できるようにし，その棚に「ビジネス」とサインしているだけなのだと思います。ビジネスにかかわるジャンルは全フロアにまたがっています。電気や建築，化学，食品衛生，農業に畜産業，印刷会社やウェブデザイナーにとっては7類全般，特に727のグラフィックデザインや749の印刷がビジネス書となりますし，教育や福祉，看護の分野もそれぞれを職業とする人にとっては仕事の本です。そう考えると，「コーナー」づくりだけではなく，その地域で働く人びとを想定した資料が各分野でそろえられ，全フロアでビジネスをサポートすることが大切なのだと思います。

　その実践例としてご紹介するのが，フロアの各主題の資料すべてをビジネス支援の資料として位置づけている，静岡市

立御幸町図書館です。御幸町図書館では，入居するビルの4，5階のうち，5階をビジネス支援のフロアとし，ここに一部の社会科学や工業，産業，IT関連図書などのビジネス関連の主題を配架しつつ，「NDCでビジネスに関係のない分類などない」[7]，「むしろ，分野を問わず，ビジネスに使えそう，と思わせる棚を作ること」[8]でビジネス支援サービスを展開しています。

(4) 子どもの本のコーナーもリニューアル

リニューアル前の秦荘図書館の児童コーナーは，絵本，物語以外のほとんどの分野が一般室に混配されていました。その混配によって，子どもが保護者の目の届きやすい場所で本を探すことができる，児童書，一般書の両方から情報が得られる，子どもにとって児童書から一般書への移行が自然に行われるなど利点はあるのですが，秦荘図書館の場合，一般室と児童コーナーの間にある雑誌架の背が高すぎて障壁となっており，子どもたちが一般室と児童コーナーを行き来する姿はあまり見られませんでした。

そこで，一般室にあった児童書のほとんどを児童コーナーに移動させることにしました（政治，社会，法律，環境の一部は混配のまま）。また，混配にあった利点を一部残すため，昆虫や動物，恐竜など自然科学の分野を中心に，一般書の中から写真が美しく迫力のある本をセレクトして，児童コーナーに配架することにしました。

児童書の配架法は，学校図書館の実践を中心にいろいろな研究発表がされています。それらを参考にしながら，絵本と物語以外のジャンルを，①いきもの，②実験・工作・手づく

り・ものづくり，③世界のくにぐに，の3つのグループに割り振りました。

「①いきもの」のグループは4類と6類を集約し，植物，園芸，米・野菜づくり，恐竜，動物，昆虫，ペット，人体が並びます。昆虫と動物についてはNDC5桁で配架し（その他の児童書は3桁で展開），サインには動物名を詳細に表示し，生物の進化のなりたちや生物間のつながりが漠然と把握できるようにしました。

「②実験・工作・手づくり・ものづくり」のグループは，

図1-9　児童コーナー「いきもの」のサイン。生物名を詳細に表示。かがく絵本の一部もNDC5桁で分類し配架しています。

1章　サインの前に………47

①の恐竜，動植物，医学を除く4類と6類，5類全般，スポーツ以外の7類です。自然一般，かがくあそび，算数，宇宙，気象，鉱物，工業，産業，料理と手芸，絵と工作，あそび，演劇を集め，調べものの本と一緒に実験やものづくりなど手や体を動かして体験する本が並ぶよう意識しました。

「③世界のくにぐに」のグループは，日本と世界の歴史，地理，民俗，風俗風習などの主題を混配し，国別のサインのもとに集めました。国別サインは各国名をできるだけ細かく列挙しています。子どもたちの日常であまり馴染みのない国の名前もサイン化することで，世界にはたくさんの国があり，さまざまな人たちがそれぞれの文化のもとで暮らしていることを感じられる棚をめざしました。

図 1-10　児童コーナー「世界のくにぐに」のサイン。国別でサインは，世界地図と照合できるようにしました。

上記のように，文学と絵本以外の分類を 3 つのグループに割り振るというのは乱暴な方法ですが，これは 9 類と絵本架以外に空いている棚が 3 本だったので，それぞれの棚ごとにジャンル分けをし，動線をつくろうとしたためです。書架の物理的な制約が大きく先行したケースで，それぞれの棚に収まる冊数を計算した後，棚単位で本をどうグルーピングするか決定していきました。そのため必ずしも動線がよいとはいえないかもしれません。けれども，小さなスペースで本を移動させる場合は，移動先の棚の収容冊数を基本に配架するジャンルを決定し，その中で可能なかぎり動線をつなげていくほうが合理的な場合があります。

　児童コーナーの奥には YA コーナー「ことことことな」（おとな＋こども 意味でことな）がありますが，フロアの面積が狭く，いろいろなジャンルを網羅的に集めて置くことはできません。そのため，一部の 9 類文学とライトノベルのみをコーナーの固定本とし，それ以外のジャンルはおすすめ本として頻繁に展示を変更することにしました。また，一般室のYA に近い棚に，「ことな」世代に人気のあるスポーツ（成人・児童混配），マンガ，おとなのための絵本，049 の雑学を配置し，児童コーナー，YA と一般室を往来するきっかけになるように動線をつくりました。

1.12　面出しは奥深い，表紙を見せる技術

　さて，このリニューアル作戦では，本の移動とともに大量の書庫入れ作業を行いました。新しい本を目立たせ棚に新鮮さを取り戻すとともに，面出しや陳列をするためのスペース

を確保するためです。

　面出しとは本の表紙を見せて陳列すること。表紙見せ，フェイスアウトともいい，図書館でも書店でも本を手にとってもらうための手法として工夫されています。背表紙と表紙では，本から受ける印象も得られる情報量もまったく違います。おしゃれな装丁の表紙を見せて陳列されていると思わず手にとりたくなるし，美しい表紙が何冊も並ぶと棚全体の魅力もアップします。そんな面出しの大切さは重々承知していても，そのスペース確保には大量の書庫入れをしなければならず，開架の冊数も確保したいという思いとの間で司書の心は引き裂かれそうです。

　それでも，秦荘図書館では1万冊近くの本の書庫入れをするという選択をしました。毎日のように棚から本が消えていくため，本が少なくなったというクレームに対応するセリフも用意して待機していたのですが，実際にいただいたのは「本が増えた」という事実とは逆の感想でした。いつもの棚に行く動線上でさまざまな面出しの本が視界に入るようになり，今まで気がつかなかったジャンルの存在が感じられるようになったのかもしれません。面出しは興味をもって棚に近づいてきた人にアピールするだけではなく，今まで自分には縁がないと思っていた分野に気づく機会を増やし，読書の幅を広げる手段になることを実感した瞬間でした。

　その面出しの方法です。面出し用のパーツで本を展示するのが一般的ですが，あちこちで陳列を展開しているとパーツのストックはあっという間に尽きてしまいました。秦荘図書館の棚板はかなり深く，パーツを使用せずに背板に本を預けて展示するだけでは，せっかくの表紙が上の段の影になって

しまい目立たなくなります。そこで発想を転換し，この棚板の深さを展示空間と考えて，奥行を活かした陳列にしてみようと考えました。

当時実践していた面出しのコツを再現してみます。モデルは瀬戸内市民図書館にお願いしました。

硬い材質の表紙ならば，特にパーツを用いなくても本だけで自立します。これをまっすぐ並べて置きます（図1-11）。

図1-11　まっすぐ横並びで置いてみました。

これだけでも美しいのですが，棚板と平行にせず，角度をつけて斜めに置いてみました（図1-12）。

このように角度をつけて斜めに置くと，深い棚板でも上の段の影に隠れる部分が減少し，表紙が明るく見えやすくなります。また，棚の真正面に立たなくても表紙がよく見えると

いう利点もあります。少しだけ本を広げて置くと、パーツなしでも自立しやすくなります。

図 1-12　ナナメに配置。2 冊の本を前後にし、後ろの本の一部が前の本に隠れるように。でもタイトルは見えるように注意。

　さらに、棚板の奥行を使って 2 冊の本を前後に配置して遠近感を出しています。遠近感や角度を意識して陳列すると、ただ平面的に表紙を見せるときよりも、モノとしての本の美しさが際立つようになるような気がします。
　今度は山型に置いて遠近感を出してみました（図 1-13）。

図 1-13　背板のほうに距離感が出るように山型に配置

　図らずも，左の女性が右の本をのぞき込むような感じになりました。本と本が密着するときは，組み合わせる表紙の選択が大切になります。世界観やセンスのまったく異なる 2 冊を配置すると，ハレーションを起こしてしまいます。そのかわり，うまくはまると思わぬ相乗効果が生まれます。このように遠近感や角度を意識して本を配置することは，単に表紙見せをするということから一歩進んで，資料を美しく見せるディスプレイの感覚に近くなります。

　この 2 つの基本形の置き方をアレンジして組み合わせると，次の写真（図 1-14）のようになりました。

図 1-14　アレンジ編　いろいろな面出し

　下段の中央 1 冊だけ面出し用のパーツを使用しています。他の本が棚に対して直立しているのに対して，パーツを使用することで表紙の角度が変わります。その小さな角度の変化で平坦さが破られ，小さな本でも目立たせることができます。
　今度は立たせず寝かせてみました（図 1-15）。棚板に本をずらりと平置きだけで展開。低い位置にある棚板を面白く使う方法です。

図 1-15　すべて平置き

　遠方からはまったく見えませんが，棚の前に立つとインパクトがあります。新館で棚に本が詰まっていないとき，本を多く見せるための裏技です。
　しかし，どの図書館でも応用できるものではないのでアレンジ編。表紙を立てる置き方と平置きの組み合わせです（図1-16）。

図 1-16　平置きとの組み合わせ。ミニ展示のように。

1章　サインの前に………55

平置きの本を組み合わせることで，立体感が生まれ，目を引くようになります。本のテーマを関連づけておくとミニ特集展示のように使えます。

図 1-17　秦荘図書館での展示のようす

　ところで，面出しする本の選択に迷うことがありませんか。人気の本や話題の本は貸出中で，返本作業の短時間に面出しの本を即決しなければならず悩ましい。そんなときにはぜひ，美しい装丁の本を面出しです。きれいな本が並ぶと棚全体がお洒落に見えるというのも理由のひとつですが，経験的に装丁のよい本は面白い本が多いと思うのです。新書など規格が決まっているシリーズものは別にして，装丁に力が置かれている本は企画や編集にも力が入っており，出版社のよいものを世に送り出したいという思いがこめられています。そのため，棚におすすめの本が残っていなかったら，装丁重視で選んでもまちがいはないはずです。

　ということで，次は装丁と色を重視した面出しです。

図 1-18　色をそろえた陳列。黄色と黒です。

　今度は，色を合わせてみました（図1-18）。白黒写真で色について理解しろという無理難題を申し訳ありません。黄色と黒の2色だけを使った表紙を3冊並べています。色の印象を強めるために，表紙の面積が広く見えるよう，今度は棚板に対して平行に並べています。色が全面に押し出されるのでインパクトが強くなる陳列方法です。このように面出しする本を複数冊選ぶとき，色を揃えるというのもおすすめです。表紙のどこか一部でも共通して同じ色を使っている本——特にピンクや青，赤など強い色彩——を揃えると，棚全体に統一感と強い印象が生まれます。

　次は，華やかな装丁が少ない棚の面出しです。芸術や文学など，色使いやイラスト，デザインに凝った装丁が多いジャンルは面出しすると「決まる」のですが，政治，経済や哲学など，分野によっては比較的地味な装丁が並ぶところがあります。使われている色数も少なく，表紙にはタイトルや著者名が大きく印字されているだけで，面出ししても美しさに欠

け，面白みが出にくいところです。けれども，よく見るとタイトルのロゴそのものはとても美しいのです。そこで，その文字の美しさが引き立つような置き方を試してみました。

図 1-19　文字のみ装丁で面出し。

　黒字タイトルの 3 冊をずらして，遠近感をつくるように配置（図 1-19）。単調になるのを避けるため左 1 冊に青色を使った表紙を選び，3 冊と対峙するように角度を傾け配置しました。

　次も白地に黒タイトル。

　今度は平行に 3 冊並べ，間に背表紙が見えるように本を差し込んでいます（図 1-20）。表紙見せに背表紙見せを掛け合わせると，表紙だけが平行に並ぶ単調さが断絶され，変化が生まれます。小さなスペースでも展示冊数が増やせるため，テーマを関連づけてミニ展示のように陳列するときにも向いています。

図 1-20　面出しの間に本を差し込む。面出しの本とテーマを合わせる，もしくは対立させると面白くなります。

　次は，潔いほどの文字表示です（図 1-21）。きっぱりシンプルすぎるタイトル文字を強調するように並べてみました。こうしてみると，華やかではない文字だけの表紙にも力強い印象があることがわかります。

図 1-21　美しいレタリングの表紙。遠目でも目立ちます。

1.13 面出しはもっと奥深い、陳列から伝わること

　面出しの細かい方法にまで触れるのには理由があります。本を美しく見せるということについて、図書館はこれまで無頓着だったのではないかと疑問と自責を感じていたからです。もちろん、日常の業務の中で、図書館員は棚をきれいに保つことに時間も体力もかけて仕事をしています。日々除架をしては面出しのためのスペースを確保し、おすすめの本をアピールしています。それでも図書館で意味する「きれいな棚」が、乱れがなく正確に並べられているという域を越えていないように思うことがあるのです。

　たとえば、学芸員が資料を展示するときは、作品が一番美しく、興味深い箇所がよく見えるように何度も微調整を繰り返します。毎日の返本数からすると、図書館の配架や面出しに、同じような繊細さを求めるのは現実的でないとは思います。それでも、その自館の資料を一番よい状態で見せたいという姿勢そのものは見習わなければなりません。もちろん前提として正確に並べられていることが必要です。それにプラスして、人を惹きつけるような美しさや好奇心を刺激する面白い陳列というものをもっと追求するべきだと思うのです。

　本が読まれなくなったといわれて久しいですが、その一方で、カフェや雑貨店など書店以外の店舗で、本がインテリアのようにディスプレイされているのをよく見かけるようになりました。本のある空間や、「モノ」としての本に対する期待感が高まっていることが背景にあるような気がします。美しくディスプレイされた本には、「モノ」としての力があります。

もちろん，本はただの「モノ」ではありません。けれども，美しいモノが人を惹きつける力を侮ってはならないとも思うのです。それならば，本が本来もつ知的な力と，「美しいモノ」としての魅力の双方を活かすようなディスプレイを工夫することはできないでしょうか。オシャレな書店やカフェでは什器類のデザインもよく，自館の古くなった棚を振り返るとがっかりしますが，棚のデザインがどうであれ，本を美しく陳列することはできるはずなのです。

面出しや陳列は，見た目に美しいという問題にとどまりません。陳列を意識することで，図書館が居心地のよい空間をつくり，多種多様な資料を揃えて人びとを知的にサポートしようとする姿勢をメッセージとして送ることができます。そのようなメッセージは，意識にのぼるほど明確でないかもしれませんが，必ず利用者に伝わるのだと思います。

注
1) チャダルト（CHADULT）は，チャイルド（CHILD）とアダルト（ADULT）を組み合わせた瀬戸内市民図書館の YA を表現する造語。そこに「秘密基地」の意味をこめて「ガレージ」をつけ，YA コーナーの名称としている。
2) 瀬戸内市立図書館「もみわ広場」 http://lib.city.setouchi.lg.jp/
3) 石井保志『闘病記文庫入門－医療情報資源としての闘病記の提供方法』日本図書館協会，2011（JLA 図書館実践シリーズ 17），p.2
4) 東近江市立能登川図書館「地域とともに－健康情報コーナー『バオバブ』への取り組み」『みんなの図書館』2010.5，no.397，p.8
5) 同上 p.8
6) 同上 p.8
7) 豊田高広「アグレッシブなサービスには、アグレッシブな配架が必要だ。」『図書館雑誌』vol.99, no.3，2005.3．p.156-157
8) 同上

コラム　　　　　　　　　　　その3

ひも問題

　本の背についている布製のひも状のしおり、スピンの話です。

　本が返却された後、このスピンをどのように扱っていますか？　じつは、スピンを外から見えないよう本の中に挟み込んでおくと、棚全体の見映えが断然変わるのです。

　新刊の状態では、このスピンはきっちり本の中に折り込まれています。そのため書店の棚からスピンがぶらぶらと垂れ下がることはありません。一方で図書館の棚にはいろんな色がぶらぶらとしています。次に利用されることを考えると、しおりとして使いやすいようスピンの端っこを出しておくほうが親切かもしれません。けれども、棚の方はこの「ぶらぶら」のせいでだらしなく見えるのです。

　永源寺町立図書館（現・東近江市立永源寺図書館）の開館直後、当時の館長の巽照子さんがこのひも問題について言及され、開架のスピンをすべて本の中に挟み直したとうかがったときは、そこまで手がかけられないというのが正直な感想でした。それでも試験的に棚1連分のスピンを本の中に入れ込んでみたところ、棚の雰囲気が劇的に変わり驚愕しました。よい意味での緊張感が生まれ、手入れが行き届いているという印象になるのです。ただのひもと侮るなかれ。

　他の業務と比べて優先順位が低い作業と割り切り、少しずつ処理していくと、何か月後には、だらしない印象が排除されピシっとした棚に生まれ変わります。単調な作業なので、半年後、1年後の完成をめざすくらいの気持ちで気長にすると苦痛にはならないと思います。棚からぶらぶらがなくなると、毎日の配架や棚揃え作業の見映えが各段とアップします。気が向いたら、ぜひお試しください。

2章 サインをもっと自由につくる

2.1 まずはサインの呼び方から

　この章の中心になるのは2つの書架サインです。まずは，サインの名称の説明からはじまります。もしかすると私自身がローカルな呼称を使用しており，読むみなさんが混乱する恐れがあるため，はじめにこの文章で使用する名称を紹介しておきます。

　ひとつは「差し込みサイン」。書架に板状のものを差し込むタイプのサインです。見出し語として主題や著者名を表示し，段の中で見出し語の本の先頭を明示する役割をします。

　もうひとつが「連見出し」。書架の各連の上に設置しているサインです。各連に収められているジャンルを包括的に表示します。

　特に区別せずに「サイン」とだけ記述しているときは，「差し込みサイン」と「連見出し」の総称として使用しています。

図 2-1　農業のサイン
「自分でつくる野菜はうまい」が連見出し。自宅で本格的に野菜をつくる滋賀県人の胸のうちをサイン化。全貌は見えませんが「農薬と自然農法」が差し込みサインです。（秦荘図書館）

　第3の書架サインも紹介しておきます。書架上や側板に設置され，その書架全体に含まれる主題を網羅して表示するものです。ここでは「側板見出し」と呼ぶことにします。比較的距離のある位置から読むことを想定し，ひと目で把握できるよう各ジャンルを単語で簡潔に表現することが望ましいサインです。見出し語の表現を工夫することは適さないため，文章中，側板見出しに言及することはほとんどありません。

また，棚の構造上，連見出しや側板見出しのない図書館もあります。

図 2-2　書架の各主題を表示する側板見出し
（瀬戸内市民図書館）

2.2 サインで語りかける

(1)　サインで人を引きとめる

　やっとサインの話にたどり着きました。

　ここから，「サインをもっと自由に考えてみよう」「サインで利用者に語りかける棚をつくってみよう」という本題に入っていきます。

　もしかすると，もっとシンプルに論を進めて，今までのサインから自由な発想のものに「置き換える」というかたちで展開してもよかったのかもしれません。それでも分類の組み替えや配架の工夫といった「リニューアル作戦」からスター

トしたのは，この「棚をつくる」という作業を経ることで，必ず「棚で伝えたいこと」が明確になるからです。作業の過程で棚に誠実に向き合ったため，その棚がいったい何を物語ろうとしているのかを読み取れるようになっているはずです。そこまでくればサインは最後の総仕上げ，物語ろうとしている棚にタイトルをつけてあげる作業となります。

　さて，秦荘図書館リニューアル作戦のめざしたサインのイメージですが，できるだけ日常のことばに近いものを使用し，語りかけるような語感で利用者と棚との距離感をなくし，サインの向こうにいる図書館員の思いが暑苦しくない程度に透けて見えるというものでした。それでも当初は，サインはあくまでも本の案内役として捉えていました。しかし，語りかける語感を重視してつくっているうちに，次第にサインが利用者とのコミュニケーションツールになる可能性も視野に入れるようになりました。

　従来のサインの見出し語には，NDC の「相関索引」や「本表」の分類項目，基本件名標目表（BSH）の「件名語」をもとに選定されていることが多いと思います。主題の内容を的確，簡潔に表すことができるという利点がある一方，固苦しい表現になりがちです。日常的に使わないようなことばが選択されている場合は，逆にわかりにくい表現になっているかもしれません。

　図書館の書架サインの役割は，①具体的な本を探している人に的確に場所を明示すること，②ブラウジングしている人にその棚が何の主題であるかを指し示すことです。①を重視すれば簡潔で明確な表現が適していると考えられますし，②の役割からすると，棚の前を通る人の興味を引く表現のほう

が効果的だと思われます。

　興味や好奇心を引き出す表現といえば，広告コピーが思い浮かびます。広告のキャッチコピーは短い文章で商品の魅力を伝え，多くの情報の中にいる人を振り向かせるための表現です。コピーのもつ思いを伝える力やユーモア，ときには問題の核心に迫る表現手法を図書館のサインに取り入れると面白くなりそうです。一方で，コピーの表現は直接的，説明的な話法をさけるため，本の場所案内には不向きなところもあります。主題は何であるかという案内とコピー的なニュアンスのある表現とを融合させて，探しやすくかつ面白いサインを何とかしてつくることはできないでしょうか。

(2)　短文にしてみる

　ここからは，NDC の分類項目名からコピー風のサインへと変化させるときのコツの紹介です。ハウツー本風に説明してみることにします。

　従来の図書館のサインは，固い語感に加えて，単語で言い切る表現がそっけない印象を与えているのかもしれません。

　そこで，360 および 361（社会学）の棚の連見出し，もしくは差し込みサインをつくると仮定して，語尾にことばを追加してみました。

　助詞を語尾につけるだけでも柔らかい印象になります。
　　　「社会学とは」
　もっとカジュアルにすると
　　　「社会学って？」
　問題提起型にすると

「社会学とは何か」

　NDC 分類項目名のサインが頭から離れないときには，従来の見出し語の表現に語尾を追加するところからスタートです。「とは」「って？」や「何か」「の問題」「を考える」など，その見出し語にあった語尾を少し加えるだけでも，語りかける口調が加わって印象が変わります。面白くなってきたら，もう少し変化に富んだ表現にチャレンジです。

　「学」の表現が固いかもしれません。取ってみると
　　　　「社会とは」
　　　　「社会って？」
　　　　「社会とは何か」
　　　　「社会を学ぶ」
　もう少し文章を長くしました。
　　　　「社会とは何だろうか」
　問いかける表現ばかりだと飽きてきます。
　　　　「社会のことを考える」
　抽象化してみると
　　　　「社会の中で生きること」
　　　　「社会のつくられかた」
　　　　「つながる社会」

　抽象化するにつれて表現が面白くなる一方，主題の把握のほうは難しくなります。主題を明確に表現できているか自信のない場合は，複数のサインを使用することで解決することができます。

68

たとえば，「社会のつくられかた」を連見出しにしたとき，差し込みサインのほうに「社会学」の見出し語を使用します。逆に，連見出しのほうを「社会学」にしてもかまいません。連見出しにどちらの表現を使うかについては，主題が的確に把握されることをどのくらい重視するかによって決めることができると思います。遠目からも読める連見出しのサインに語りかける表現を使うことで，フロア全体の雰囲気を柔らかくし，ブラウジングする人を呼びとめようするのか，それとも「社会学」と明示することで探しやすさを重視するのか，どちらを優先するのかを考えて決定します。

　また，書架のデザインにも左右されるかもしれません。側板見出しがついている棚の場合は，その見出し語で大まかなジャンルの把握ができると仮定して，連見出しでは遊びを加えることができるからです。「社会学」のジャンルが複数の連にわたって配架される場合は，連見出しのひとつに「社会学」を使用すると，ほかの連見出しで抽象的な表現のサインを採用することができます。連見出しがないタイプの書架なら，棚の先頭の360に「社会のつくられかた」などコピー感覚の表現を用い，後に続く361に「社会学」などNDCの分類項目名サインを使うことにします。

　もうひとつ，背の書名をサインに使う手法もあります。少しの破順には目をつぶり，360，もしくは361の先頭に，書名に「社会学」「社会学事典」などがつく本を集めて配架します。書名がサインの代わりに棚のテーマを説明してくれるため，その差し込みサインが「社会のつくられかた」という抽象化された表現であっても，棚を形容するコピーとして理解されると思います。

2章　サインをもっと自由につくる………69

サインの表現を工夫したいけれど棚案内として機能するのか心配というときには，このように複数のサインを組み合わせると解決できると思います。主題の案内と棚に誘うコピー的表現の両立は可能です。

図 2-3 「社会学」×「社会を学ぶ」（愛知川図書館）

(3) さらに抽象化してみる

　短文化することをマスターしたので，今度はもう少し抽象化にシフトしてみます。「料理」（596）の連見出しです。
　　「料理のコツ」
　　「料理をきわめる」
　棚には料理の本がいっぱい並んでいます。「料理」という

文字を使わなくても主題の把握は難しくありません。この棚は思い切って抽象化できそうです。

　　「毎日のこんだて」
　　「台所しごと」
　文章化してみると
　　「食べることは生きること」
　　「おいしいは，うれしい」
　絵本の名セリフを拝借。
　　「お料理すること食べること」
　赤と青の帽子をかぶった 2 匹の野ねずみが飛び出してきそうです。

図 2-4　「このよでいちばんすきなのは」（秦荘図書館）

　少し脱線して，「料理」の内容別に細かく区分した差し込みサインを考えてみることにします。

NDCでは,「料理」は日本料理,西洋料理など様式別と,肉料理,卵料理など材料別の料理法によって分類されます。様式と材料の両方にまたがるテーマの場合は,様式を優先して分類することになっていますが,出版されている料理の本はそんなシンプルなつくりになっていません。「定番和風からエスニックまで　野菜いっぱい鍋料理」のようなどこに分類したらよいのかわからないタイトルの本がいっぱいで,その結果,すでに各館独自でサインを工夫している棚ではないでしょうか。料理研究家や調理器具,調味料などの流行もあり,まめにサインの手入れを繰り返している箇所かもしれません。

　お弁当づくり。愛情は入れても手は抜きたいです。
　　「毎日のお弁当」
　　「愛情たっぷりお弁当」

図2.5　旧図書室時代からずっと図書館を支えてきた司書さんの愛情たっぷりサイン（瀬戸内市民図書館）

家でお酒を楽しむ「家呑み」率が高くなっているそうです。
　「おつまみメニュー」
　「今夜は家呑み」
　「おうちで居酒屋」
　「居酒屋気分」
男性の手料理は珍しくなくなりました。
　「男の手料理」
　「男子，厨房に入る」

図2-6　某料理雑誌の誌名をヒントに（秦荘図書館）

マンネリになりがちな鍋料理。
　「今夜はお鍋」
　「あったかお鍋」
　「鍋奉行になる」
節約料理，時短料理，どちらも人気です。
　「節約レシピ」
　「おいしく節約」
　「スピード料理」
　「あっというまの晩ご飯」
利用者の「探している」目線でサイン化すると，料理のサインはどんどん細分化されます。

図2-7　シンボルカラーのオリーブ色に白抜き文字のサインはスタッフ自作（瀬戸内市民図書館）

「スープいろいろ」*
「だしをとる」*
「たれをひと工夫」
「和食をマスターする」
「麺類大好き」*
「あこがれの料理研究家」
「お茶でほっこり」
「梅仕事のコツ」*
　（*印は瀬戸内市民図書館で掲示されているサインを引用）

図2-8　「伝記」は日本歴史の隣に配架（秦荘図書館）

　主題を抽象化するサインに話を戻して，今度は「伝記」です。「伝記」（289）は，わかりやすい見出し語です。もちろん，そのままの表現で大丈夫。けれども，伝記は子どものときに読んだ記憶があるがゆえに，大人になったら遠のいてしまうことが多いかもしれません。そこで，ノンフィクション好き，

心に残る話が好きな人を，もう一度伝記に誘うようなサイン
を考えてみると。

　　「人の歴史の伝える」
　　「さまざまな人の生き方」
　　「時代とともに生きた人びと」
　　「人びとが生きた歴史」

(4)　抽象化が難しい分野には少し付け足し

　抽象化や語句の言い換えが難しい主題があります。たとえ
ば「経済学」や「法律」，それに「数学」「化学」「物理」な
どの自然科学一般。「土木」「機械」「電気」など工学系もコ
ピー的サインの発想をしづらいところです。これ以上解体し，
抽象化して説明することができない概念だからでしょうか。

　冒頭で例にあげた「社会学」もそれに近いのかもしれませ
んが，「社会」は多様な意味をもつ概念です。そのため，サ
インを考えるときにも「社会」に含まれるあいまいさを逆手
にとって，いろいろな意味を含ませたことばの発想が可能な
のです。一方，「経済学」「数学」などは，そのことばをキー
にして探す人が多いため，無理に言い換えをしてわかりにく
くするよりも，そのままの名辞を使用したほうがよいところ
です。けれども，固くてそっけない単語のサインが並ぶと単
調になるので，ところどころで工夫はしたくなります。

　経済学（330）
　　　「経済ってなんだ」
　　　「経済のしくみ」
　経済史（332）

「経済の歴史」
　数学（410）
　　「数学のたのしみ」
　　「好きになる数学」
　　「数学が好きになる」

　NDCの分類項目名そのままに，少しだけ語句を追加したバージョンです。たとえば，先頭の330に「経済ってなんだ」，332に「経済の歴史」のサインがあると，後ろに「経済政策」「国際経済」など単語調のサインが続いたとしても，棚全体に柔らかさが加わると思います。

図2-9　シンプルに「政治について」（愛知川図書館）

(5)　棚と人の関係をサイン化する

　これまで「社会学」「経済学」「伝記」など，連見出しに使えるサインを中心に考えたので，今度はNDC4桁以上の差し込みサイン，今までよりも細かいテーマの見出し語を考えてみたいと思います。

まずは，371.42（問題行動），371.4（教育心理学）の下位区分です。

　NDC9版には例として，登校拒否，校内暴力，いじめ，子どもの自殺，家庭内暴力，思春期暴力があげられています。棚に収められている本の中で多いテーマは，いじめ，ひきこもり，不登校，子どもの暴力，自殺でしょうか。これらのテーマは保護者に向けて書かれたものも多いため，その人たちに届きやすいよう「教育心理学」（371.4）とは別に，「問題行動」（371.42）のサインを設置すると仮定して考えてみます。しかし，考えてみたら「問題」な行動というのは，当事者の子どもにとってあんまりな言われ方です。「問題行動」という語は使わず，わかりやすさを第一に考えて，ここに配架される本の主要なテーマを列挙してサインにしてみました。

　　　「いじめ・不登校・ひきこもり」
　　　「いじめと暴力，ひきこもり」

　シンプルでわかりやすいです。けれどもストレートすぎるので，一番出版点数が多く不登校やひきこもりの原因にもなりやすい「いじめ」に焦点を当ててみました。

　　　「いじめから子どもを守る」
　　　「いじめのサインを見逃さない」

　いじめ以外のテーマも含めた表現にしたいときは，抽象化してみます。

　　　「子どもの問題に向き合う」
　　　「子どもからのSOS」

　抽象化が進んだため，少しテーマがぼやけてしまったかもしれません。近くに「教育心理学」の差し込みサインがある

ので，そこから類推して理解してもらえるでしょうか。

　もう少し包括的かつ具体的に考えると，元に戻って「問題行動」を使えば，シンプルで主題を把握しやすくなるかもしれません。そこで表現を和らげてみました。

　　「どうして？問題行動」
　　「『問題』行動って言わないで」

　最初に「問題行動」という言葉のひびきにもった違和感を，あえてサインにしてみました。

図2-10　問題行動を含む教育心理学（371.4）の棚。差し込みサインに「いじめ」「不登校」などを作成し，テーマ別に配架（愛知川図書館）

　次は379.9（家庭教育）です。「家庭教育」でも通じますが固い感じです。図書館では「子育ての本はどこですか？」とたずねられることが多いので，そのまま。

　　「子育て」
　　「子どもを育てる」

もう,ひとひねり。
　「子どもと育つ」
子育ての不安感を和らげるような表現にしたいときには
　「子どもは育つ」
　「子育て大丈夫!」

図2-11　愛荘町の子育て講演会で講師を依頼した熊丸みつ子先生のことば,「大丈夫!子育て順調よ!」から(秦荘図書館)

　サインを考えるとき,モノや概念の名辞をどう言い換えるかということに集中すると発想は広がりません。けれども,棚の本とそれを求める人との関係性をことばに変換していくと自由度は広がります。たとえば「家庭教育」という語句の言い換えだけを考えるのではなく,子育てに迷う人と「家庭教育」という棚の関係を連想する感覚です。棚の前に立つ人がどんな思いで本を探しているかを想像して,その気持ちに寄り添うように考えるのがポイントです。

図 2-12 こちらは育児（599）サイン「赤ちゃんがやってきた」
（秦荘図書館）

(6) サインで社会的問題を切り取る

　現代が抱えるさまざまな課題に対して，サインで問題提起するようなアピールはできないでしょうか。社会的に課題となっているテーマに対しては，図書館でも積極的に選書していると思います。それでも，テーマによっては他の本にまぎれて棚の中でも目立たず，潜在的に興味をもつ人にあまり届いていないかもしれません。急に出版が増えたためサインがつくられていない場合や，サインを作成した当初とは出版される本の内容が変化し，見出し語の表現が現在の棚とそぐわないことも考えられます。

　そのような社会的な課題に対して興味を喚起するため，新たにサインをつくると仮定して考えてみます。例とするテー

マは,「貧困」,「LGBT」,「戦争」です。当事者として考え,時代と向き合う語り口を意識したい主題です。

貧困 (368.2)。

社会病理(368)にある項目です。格差社会の到来により「貧困」の棚は変化しました。出版点数の増加に加えて,病気や介護,離婚といった誰にでも起こることが契機となって,貧困に陥る現状を踏まえた本が多くなり,ひと昔前よりもテーマはずっと「身近」なものになっています。

「現代の貧困」

「隣にある貧困」

「連鎖する貧困」

「見える貧困・見えない貧困」

図 2-13　当初,蔵書に「貧困」に関するものは少なかったもののサインを作成。少しずつ本を増やしていきました。(秦荘図書館)

強調のため，倒置法を使いました。しかし，文頭に「貧困」
とあるほうが，目で追ったとき主題把握はしやすいかもしれ
ません。

　　「貧困の連鎖」
　　「貧困の真実」
　文章化し，希望を加えてみました。
　　「貧困をたちきる」
　　「貧困とたたかう」

　367.97（同性愛）。
　367.9（性問題．性教育）の下位項目です。欧米でLGBT
への差別の撤廃が進み，その報道を受けてLGBTというこ
とばが日本でも通用するようになってきました。しかし，こ
とばの浸透のように，日本でもLGBTへの理解や制度上の
改革が進んだとは思えません。

　少し前のことですが，開架にある367.97の本すべてが不
明になったことがありました。カウンターまで本をもって借
りるということ自体がハードルの高い行為だったのでしょう。
配架場所は367.9の「性問題」の中にあり，一緒に配架され
ている本にはセクハラやポルノ，エロといった書名も目につ
きます。しかも，すぐ近くには368のサイン「社会病理」が
追い打ちをかけるように表示されています。すべてのタイト
ルが紛失したのは，棚の前で本を選ぶことさえ躊躇したから
なのかもしれません。

　最近のLGBT関連の本は当事者目線で書かれたものが多
く，間違った情報が氾濫するLGBTについて，周囲の人に
も理解しやすい内容の本も増えてきています。同性愛者は自

2章　サインをもっと自由につくる………83

殺念慮が高いというデータ[1]もあります。サインで借りやすくし，LGBT の人たちに対して，これ以上図書館のハードルを高くしないようにしたいものです。

　　　「LGBT のリアル」
　　　「ほんとうの LGBT」
　　　「LGBT と多様な性」

　「LGBT」や「同性愛」という直接的な表現があると，逆に借りにくいと思う人もいるかもしれません。

　　　「多様な性を理解する」
　　　「グラデーションのある性」

　今度は主題をアバウトにしすぎたかもしれません。難しいです。セクシャリティ（性のあり方）というものは，揺らぎ，ときには変化し，白黒はっきり分かれるのではなくグラデーションのあるもののようです。「LGBT」と自分を認識している人ではなくても，本当はあいまいなセクシャリティをもって存在するのかもしれません。

　　　「私たちのあいまいで多様な性」

　「LGBT」という用語を使用したことへの補足説明です。367.97（同性愛）を LGBT と表現することで，トランスジェンダー（からだの性とこころの性が一致しない「性別違和」をもっている人）と同性愛を同一視していることに違和感をおぼえるかもしれません。これについては決して同一視しているわけではなく，社会学的観点から書かれた性別違和や性同一障碍の本を分類すると，同性愛と同じ 367.97 になるため，近接するカテゴリーと考えて見出し語にも「LGBT」と表現しました。実際，ここに配架される本は，書名にも「LGBT」

ということばが使われることが多いため、同性愛も性別違和も両方を含めたサインのほうが、より棚の主題を適切に表現することになります。

　けれども、同性愛と性的違和をもつ人を混同してしまうことは、当事者たちの悩みや直面するさまざまな問題を個別的に捉えることができなくなってしまいます。NDC10 版では、367.98（性同一性）という項目が新設され、体と心の性の不一致と性同一障碍をここに収めることができるようになりました。

　次は「戦争」。

図 2-14　戦争コーナーのサイン（愛知川図書館）

別置を使って「戦争」についての資料を集めたコーナーをつくったと仮定し，そのコーナーサインを考えてみることにします。

　そのままストレートに，
　　「戦争の記録」
　　「戦争の記憶」
　この棚の前に立つ人の気持ちを疑問形にして表現してみると，
　　「戦争とは何だろうか」
　　「なぜ戦争するの？」
　複雑化した現代の戦争やテロと私たちの関係性を表現してみると，
　　「わたしたちの戦争」
　　「戦争の中で生きる」
　　「対立する世界」
　希望も必要です。
　　「平和をあきらめない」

図 2-15　戦争コーナーのサイン（秦荘図書館）

ここで少し蛇足です。サインを発想する過程で，自分の個人的な指向や思想，好みが表れてしまうのではないかと危惧することもあるかもしれません。特に社会的な課題については，自分の思いが反映されやすい分野です。もちろん，図書館員として公平で中立的な立場を保持することは必須で，個人的な思いをストレートに表現するのではなく，常に一般化して発想することが必要です。とはいっても，過度に一般化すると，今度はサインの面白みが欠ける可能性があります。中立性に重きを置きすぎると，感情に乏しく語りかけることのない表現になってしまうのです。一般化して発想するときには少しコツが必要かもしれません。

　図書館員は，人びとの知りたいという欲求に対する共感力が強い人たちの集まりだと思います。自分自身が知りたがりやであるのはもちろんですが，利用者が知りたいという気持ちに共感して，ときには一緒になって興味をもち，ときには親身になって情報を探すのが図書館員です。その共感力をサインの発想に使うのです。

　たとえば，サインをつくる棚の前に立ち，この本の集まりが「答え」となる人びとの「疑問」や「好奇心」は何だろうかと考えていきます。回答から問いを導き出す感覚です。そこで想像された「疑問」や「好奇心」がサインの核になります。このように，本を探す人の思い，棚と人との関係性をさまざまな角度から想像しながら一般化すると，感情を伴いつつも中立性が保たれたサインの表現になると思います。

図 2-16　NDC には人権を総合的に扱う項目がないため，基本的人権（316.1），民族・人種問題（316.8），同和問題（361.86）などを集めました。人権学習が盛んな町のためコーナーづくり。（愛知川図書館）

（7）　コーナーのサインを考える①　ビジネスコーナー

図 2-17　「ビジネスコーナー」の連見出し（愛知川図書館）

今度は，コーナーづくりをした後，その中の各テーマについて差し込みサインを考えることになったと仮定します。まずはビジネスコーナーです。

　ビジネスのためのサインは，比較的簡潔に表現できるところです。経営学，経営管理，ビジネスマナー，ビジネス文書，企画書，プレゼンテーション，原価計算，就業規則。起業のため，新しいステップのため，仕事の習得を確実にするため，このコーナーにやってきた人に対しては，早く的確に探し出せるよう名辞そのもののサインが適しているかもしれません。

　それでも，ところどころで語りかけたくなる棚があります。たとえば，336.49の職場の人間関係，また，ビジネスコーナーに366（労働経済，労働問題）を集めたと仮定すると，366.2の就職や失業，366.3の労働者の保護などは，棚の前に来る人の困り感に共感してサイン化したくなる箇所です。

図2-18　ビジネスの差し込みサイン（秦荘図書館）

2章　サインをもっと自由につくる………89

まず，336.4（人事管理，労務管理，人間関係，ビジネスマナー）。テーマが盛りだくさんの336.4です。人事管理やビジネスマナーはそのままの名辞をサイン化してもよいのですが，336.49（職場の人間関係）は。

　　「職場での人間関係」
　　「職場のコミュニケーション」
　　「働くみんなのコミュニケーション」

　次は，労働経済．労働問題（366）について考えてみると，まずは連見出しから。

　　「働くということ」
　　「いろいろな仕事，さまざまな働き方」

　今度は，その労働経済．労働問題（366）の中の差し込みサイン。もう少し細かいテーマについて考えていきます。
　まず，労働政策・行政・法令（366.1）。労働法，労働基準法などの法令に関する本を多く所蔵していれば，それをサイン化。「労働政策」「労働法令」といった表現ではなく，法律名をそのまま具体的に明示したほうがわかりやすいかもしれません。

　　「労働法・労働基準法」
　せっかく具体化したのですが，もう一度抽象化。
　　「働く人をまもる法律」

　労働力．雇用．労働市場（366.2）。失業や就職，職業紹介，身障者・中高年雇用問題も含まれる項目です。

　　「就職のステップ」

90

「仕事をさがす，働き方もさがす」

　就職（366.29）には職種，職業紹介の項目名もあり，多岐にわたる職業ガイド，資格ガイドはここに配架されます。ガイド類を集めて配架すると。

「仕事のガイドブック」

「職業案内」

もう少し抽象化して。

「こんな仕事がある」

「『自分の仕事』を見つける」

「求む。『天職』」

　脱線しますが，YA コーナーにも資格や職業紹介のガイドを置くことがあります。そんなときには少し希望を多めにして。

「『好き』を仕事にする」

「これが私の生きる道」

　労働条件，労働者の保護（366.3）。労働時間や就業規則，安全衛生，労働者の福祉，女性の労働が収まる棚です。職場におけるセクシャルハラスメント，パワハラもここに含まれます。各テーマの本が増えてきたら，それぞれにサインをつくると問題が「見える化」します。

　職場のセクハラ，パワハラ。

「職場のハラスメント」

「それはハラスメントです。」

もう少し怒ってもいいかもしれません。

「それがハラスメントです。」

超長時間の労働は人の命を削る社会問題です。
　　「働く時間をみなおす」
　　「仕事が終わらない」
　　「働きすぎる社会」
　女性の雇用問題はここに配架されます。
　　「働く女性の問題」
　　「働く女性とイロイロな事情」

　各テーマにサインを入れるほど本がない，そういうときにはまとめて労働条件，労働者の保護（366.3）のサイン。
　　「働きやすさはどこにある？」
　　「しあわせな職場をつくる」

図 2-19　労働経済. 労働問題（366）の連見出し（愛知川図書館）

(8)　コーナーのサインを考える②　YA コーナー

　今度は，ヤングアダルト（YA）コーナーのサインを考えてみたいと思います。このコーナーの対象は，背伸びする小学校高学年から中・高校生などの「若いおとな」，実年齢はと

もかく心は若いつもりの大人です。サインを考えるにあたって，対象とする YA のための本はどんなものなのかを考え出すと YA 論にまで広がりそうなので，7 類の芸術，音楽，スポーツで YA のサインを作成するという前提で考えてみます。

　サインは当事者目線で発想することがポイントなのですが，YA コーナーで当事者になろうとしても，どうしても無理が出てきます。ここは大人の立ち位置を保ったまま決して媚びることなく，つかず離れず適度な距離をもちつつ気持ちだけは寄り添って本を手渡すつもりで考えました。

726.1　漫画・劇画論
　　　「マンガ論。」
「。」がポイント。
わざと固くもったいぶって表現してみると
　　　「マンガを語る」
　　　「マンガを語りつくす」
　　　「マンガの現場」

726.6　絵本
大人も楽しめる美しい絵本を配架した棚です。
　　　「おとなになっても絵本」
　　　「もういちど絵本に出会う」

727　グラフィックデザイン．図案
ひとつはそのまま，
　　　「グラフィックデザイン」
少し工夫して，

「デザインで伝える」

　ひと昔前の 727 はカット集がメインだったのですが，今はコンピュータを使って制作する絵画技法もここに収めることになっています。棚の様相はすっかり変わりました。「グラフィックデザイン」のサインだけだと，コンピュータの絵画技法の本もあることに気づいてもらえないかもしれません。そのため追加でもうひとつ。
　「パソコンで絵を描く」

　727.8　装飾文字　レタリング
　　「美しい文字のデザイン」

図 2-20　ノーミュージックノーライフ。（秦荘図書館）

　760　音楽
　　「音楽のない人生なんて」

どこかで聞いたような表現です。

76△　ギター譜，ドラムやベースの教則本，バンドスコアなどを集めてバンドコーナーをつくったとすると。
　　「バンドしようよ」
　　「バンドはじめました」

771.7　演技．俳優術
　　「俳優になる」
　　「俳優になりたい」
演劇論が展開されている棚です。7類全般で文章化したやわらかめのサインを使用してきたので，ここらでピリッと固めの表現もほしいところです。
　　「演劇論」
NDCの項目名をそのままを使うと，かっこいいことに気づきました。
　　「俳優術」

図2-21　一般書，児童書を混配して。（秦荘図書館）

2章　サインをもっと自由につくる………95

780　スポーツ
　　　「考えるスポーツ」
　　　「読んで強くなるスポーツ」
　部活をがんばっている人たちに向けて，スポーツ理論でうまくなろうというメッセージです。

コラム　　　　　　　　　　　　その4

049 問題

　049 はどのように配架していますか。
　どの主題のもとにも収められない雑文集が集められる「雑著」。どこにも収まりきれない規格外の本が並ぶところです。NDC を見ると「原著の言語によって言語区分してもよい」という解説がありますが，区分したいのはそこじゃないと思った方も多いのではないでしょうか。
　049 の対処法として，無理矢理にでもどこかの主題へと振り分けるということも考えられますが，秦荘図書館では，そのカオスを全面に押し出し，YA コーナーと一般室の境界となる棚，マンガの隣に配置しました。サインは「雑学は知識だ」。ゆるい感じの面白本が並ぶ 049 の棚に，あえて固いサインをして，棚とアンバランスになるよう狙ってみました。
　しばらくすると「雑学は知識だ」という表現に影響され，本来は 049 ではない本，主題に振り分けられる雑学なども，ここに配架するようになっていきました。たとえば，031.8。簡易百科事典です。ここには一巻ものの「雑学百科」なども収められます。実は「雑学は知識だ」のサインは，031.8 にこそふさわしいのですが，周囲に立派な百科事典全集が並ぶため「雑学」は使いづらいのです。そんな 049 よりさらに目立たない 031.8 の中から，「ゆるい感じのする」本を選んで 049 化すると，「雑学は知識」のテーマ性が強化されました。そうすると，他の主題の雑学要素のある本も，この棚に配架したくなってきました。
　「049」にラベル変更してしまうものから，ラベルもデータ

もそのままで一時的にこの棚に陳列するものまで，配架の手法はさまざまです。ゆるく笑うものからなるほどとひざを打つものまで，役に立ちそうで立たない「雑学」のコーナーができあがりました。

　サインは，棚づくりという編集作業の最後の仕上げとして，その棚にタイトルをつけるものです。しかし，いつの間にか主格が転倒してサインの表現に引っ張られ，選書も含めた棚づくりのほうが変化していくことがあります。この「雑学は知識だ」は極端な例ですが，ほかの棚も多かれ少なかれ，サインに影響を受けて変わっていくような気がします。そう考えると，サインをつくるとき，棚の今の状態について名づけするだけではなく，背伸びしていつか実現したい棚をイメージして表現するとよいのかもしれません。

図 2-22　一般室の YA コーナー近くにある棚。スポーツ，マンガと一緒に一般室，YA，児童コーナーの動線をつなぐ役目を担っています。（秦荘図書館）

2.3 見出し語を考えるコツ

　サイン例をたくさんあげてきましたが，図書館員は文章を得意とする人も多いため，これならつくれると思ったのではないでしょうか。むしろつくっているという既視感をもったかもしれません。本を集めて特集展示を組んだときには，テーマの主旨をキャッチコピーで表現することがありますが，語りかけるサインは，あの特集展示のコピーの感覚に似ているところがあります。特集展示と大きく異なるのは，サインのパーツに収まるよう字数の制限があること，棚案内のために主題をもう少し明確に表現する必要があることです。

　特集展示のコピーを考えるとき，テーマを面白く表現しよう，通り過ぎる人を呼びとめよう，この本との出会いで読書の世界が広がるようにと，悩みつつも楽しんでことばを選択していると思います。その「利用者と本をつなげたい」という思いの部分は同じなのです。ただ考える数が圧倒的に多い。そのうえ日常業務と並行して作業すると，なかなか集中して時間をとることができません。そんなふうに試行錯誤していくうち，短い作業時間の中で精度を上げる方法を少しずつ体得していきました。

(1)　少しずつ作業する

　「この棚だけ」とか「この連ひとつ分」など，当面の作業範囲を小さく区切ってスタートすることをおすすめします。狭い範囲に集中して見出し語を考え，サイン板を作成し，棚に差し込むところまでを完成させてしまうのです。印刷や原稿のカッター切りなどの作業は，フロア全体分まとめたほう

98

が効率的かもしれません。そこをあえて区切って作業するのは，完成品を棚に差し込むとき，見出し語と本がマッチしているかをひとつひとつ確認できるからです。大量のサインを作成して一気に差し込むと，どうしても流れ作業になり，確認作業がおろそかになりがちです。「これだ！」と思ってつくった見出し語が，実際に棚に差してみると本との相性が悪かったり，主題を的確に表現していなかったりということがあります。逆に，自信のないままつくったサインが棚ではしっくりくることもあります。また，追加したくなる箇所や，逆に不要だと感じる箇所も出てきます。小さな範囲で作業すると，そのような微調整がしやすくなるのです。フロアの中に新旧のサインが混在することになりますが，そこは利用者にリニューアルの PR をする機会と考えておきます。

(2) 作業は棚の前で

　机の前で格闘していても，なかなかこれだという発想は生まれません。棚の前に出て背表紙を眺めているほうが，その棚の主題をまとめることばが思い浮かびます。書名がキーになってことばが浮かんでくるのです。また，語呂のよい書名の一部を借りて見出し語にすることもできます。

(3) 気の向いたところからスタート

　発想しやすい得意分野からはじめると，コツがつかみやすくなります。それがフロアの真ん中や棚の途中にある連でもかまいません。着手しやすいところからはじめて，ことばを考えるリズムを自分につけてあげることが大切です。

2章　サインをもっと自由につくる………99

(4)　捨てるサインはなし

　思いついた見出し語は，たとえつまらないものでも捨て案にしないですべて書き留めること。そのときはつまらないと思っても，それを脳内で転がしているうちに，リズムはよいとか後半の語は使えるなど，そのことばがキーとなって納得のいく案が生まれてくることがあります。数打てば大当たりします。

(5)　やり直せる，何度でも

　どうしても思いつかない箇所があったら，自信のない見出し語でもかまわないのでサインを作成し，とりあえず差し込んでしまいます。いつか再作成できるようその箇所はメモに残しておきます。時間が経つと突然ひらめいたりするので，そのときに差し替えればよいのです。また，考えるのに疲れ果て適当につくった仮サインが，棚に差し込むと意外にもいい感じだったりします。気負いは厳禁，いくらでもやり直しができるという気楽さが大事です。その分，再作成の手間は惜しまないことがポイントです。

(6)　チェックお願いします

　一人で全部の棚を担当するときはかまわないのですが，主題ごとや棚ごとに担当を割り振った場合，語調，語感を統一する必要があります。各人の個性があまりにも出てしまうと，フロア全体のセンスがちぐはぐになり混乱してしまいます。最終チェックをする担当をひとり決める，もしくは全員でチェックする機会をつくって，印刷前に表現やことばの統一をする手順を入れるほうがよいと思います。

図 2-23 乗物（536，538，68△運輸の混配）の差し込みサイン。仮の見出し語でしたが，ウケてしまったため外せなくなってしまいました。（秦荘図書館）

(7) サインのパーツは選ぼう

　連見出しのパーツは書架の付属品であることが多く，あまり選択の余地がないかもしれません。一方で，差し込みサインは既製品を購入することが多いと思います。その差し込みサインのパーツの選択については，ふんだんに使えるよう価格の安いものが絶対条件ですが，そのほか，「文字数が多く入る」「カッター作業がラク」もはずせない条件です。できるだけ文字数の制約がないほうが，サインを発想するときに自由度が高まります。また，日常業務の合間に作業するとなると，作成の手数がかからないパーツを選べばストレスが少なくてすみます。

その他の条件は，できるだけ「定番商品」もしくは廃盤に
なっても他のメーカーで類似品が入手できそうなもの。美し
い棚をつくろうとしているのに，途中でパーツの入手ができ
なくなり，いろんなデザインのサインが混在することになっ
てしまったら台無しです。

(8)　やり直さねばならない，何度でも

　一生懸命つくったサインでも，やがては古くなります。流
行りのジャンル，新規の主題が生まれて追加したい箇所も増
えているかもしれません。定期的に見直しが必要です。サイ
ンの仕事に終わりはありません。

2.4 　ことばが浮かばないと思う人のために

　サインの発想が苦手と感じた人は，もしかするとカッコイ
イ，目をひくような表現をみつけようと頑張りすぎているの
かもしれません。主題を的確に伝えるために語句の選択は重
要ですが，特別に凝った表現でなくてもかまわないのです。
それよりも，人の心にとどまるために大切なのはリズムです。
当たり前の表現でも，口にしたときに心地よい語呂とリズム
があれば印象的になります。思いついたことばは声に出して，
リズムを確かめながら考えるとよいかもしれません。
　そのリズムが一番苦手というときには，迷わず周囲からヒ
ントを探します。CMや新聞，雑誌の広告コピー，本のタイ
トル，面白いと思ったら語感を要チェックです。どこかで聞
いたような手垢がついた表現になると思うかもしれませんが，
新鮮なことばに独特のリズム感なんていうのは，素人が踏み

102

入ることのできない超プロの領域です。私たちはコピーライターではありません。まず真似からスタートです。そのうち自分にあったリズムがつかめてくると思います。

2.5 サインは図書館のイメージをつくり裏切りもする

連見出しは書架の目立つ場所に配置され，差し込みサインは棚の中に大量に入れられることになります。そのようなサインをコピー感覚でつくれば，ことばの選択や語調が図書館の雰囲気に影響を与えることにもなりかねません。そこで問題となるのが，サインと図書館のイメージをどう関連させるかということです。

どんな図書館なのか，もしくはどんな図書館にしたいかを前提に考え，その図書館像を強化する方向にサインの語感を統一して作成すると，サインは図書館全体のイメージ戦略を効果的に進める手段にもなりそうです。

しかし，あえて図書館のイメージを裏切るようなサインがぽつぽつと出没する棚というのも面白いような気がするのです。建築自体が重厚でシックなインテリアの図書館や，やや硬めの選書がされた棚には，本来は知的でシンプルな表現が似合うのかもしれません。けれども，それを裏切るような柔らかい表現や面白みのあることばが現れると意表をつかれます。逆に，やさしい色彩を使った親しみやすいインテリアの図書館にマジメで固い語調のサインがあると，その部分が強調されて目を引くことになります。サインと館のイメージに落差があると，心にひっかかりが生まれて印象が強くなるのです。

2章　サインをもっと自由につくる………103

また，サインで建築やインテリアが醸し出す雰囲気を和らげることもできるかもしれません。重厚な図書館がサインで隙を見せ，アットホームな図書館では知的な部分をのぞかせるといった感じです。個人的には後者の裏切り派をおすすめしますが，甲乙つけがたいところです。

2.6 コミュニケーションツールとしてのサイン

冒頭で掲げたリニューアル作戦サインの理想イメージは，単なる棚の案内表示であることを越え，ゆるやかなコミュニケーションツールとするというものでした。でも，サインでコミュニケーションすることなど可能なのでしょうか。

コミュニケーションの定義を調べてみると「社会生活を営む人間が互いに意思や感情，思考を伝達し合うこと。言語・文字・身振りなどを媒介として行われる」「情報の伝達，連絡，通信の意だけではなく，意思の疎通，心の通い合いという意でも使われる」[2]とありました。サインを「ゆるやかな」コミュニケーションツールと考えるのは，その心の通い合いが双方向ではなく，図書館からの一方通行，片思いになりがちだからです。そこで，コミュニケーションを成立させるために，次のように拡大解釈することにしました。

提示されたコミュニケーション手段としてのサインを見た人が，言語化できるほど明確でなくても何かを感じ，それに対する応答がそのサインのもとにある本を「借りる／借りない」という行為の選択であると考えます。「借りない」という選択も，投げられたコミュニケーションに対する応答です。気がつかない，もしくは気がついても無視して通り過ぎると

いうときがコミュニケーションの不成立です。こう定義すると大丈夫。私たちはサインを通して利用者とコミュニケーションすることは可能です。

　そうなると，過剰に語りかけてしまうのが図書館員かもしれません。本に関することになると，つい力が入って饒舌になってしまいますが，あまりにも語りすぎるとうるさくなってしまいます。語りかけるサインは，従来のサインと比べて長文になりがちです。単語だとひと目で把握できるところを，わざわざ読むという労力を強いるため，見る方には負担がかかります。そのため，すべてのサインで饒舌に語るのではなく，時々シンプルなことばを選んだり，NDC の項目名をそのまま選択したり，メリハリをつけると効果的です。そうすることで，時折出現する語りかけることばが引き立つはずです。何事もバランスが大事なようです。

2.7 サインで本当に伝えたいこと

　サインでゆるやかなコミュニケーションが可能なら，棚の前に立つ人に何を伝えたいでしょうか。

　「本を読まない」「本が嫌い」な人がとても多いことは，図書館で働いていても実感することだと思います。文字を追うのが苦手，読む習慣がない，忙しくて時間がない，そもそも興味がないなど，読まない理由はさまざまです。

　しかし，よく話を聞いていると本嫌いの人がいう本のイメージは限定的で，文学，小説だけを指していることが多いのです。「本なんか読まなくても生きていける」「だから図書館なんて要らない」。図書館準備中に何度か聞いた意見です。

2章　サインをもっと自由につくる………105

翻訳すると，文学なんか読まなくても生きていける，本は文学青年やオンナコドモのもので自分には必要ない，一部の文学好きのための施設など不要だ，という意味のようでした。地域に図書館も大きな書店もないときは，本イコール文学というイメージになりやすいものです。いろいろなジャンルの本に出会う機会が決定的に少ないため仕方がありません。おそらく日本全国どこでも，図書館準備の段階で，このような意見が出たのではないかと思います。

　しかし，図書館がない地域だけが，本イコール文学のイメージでしょうか。メディアで取り上げられる本や図書館のイメージも，多かれ少なかれ近いものがありませんか？　私たちは，図書館や本の多様性をもっと伝える必要があったのではないでしょうか。本には多種多様なジャンルがあり，文学はそのひとつでしかないこと，仕事や趣味，生活を豊かにしてくれること，人びとの好奇心を広く深く受けとめてくれること，そういった本の可能性を伝えることができたら，「本を読まない」人の割合が少し低くなるかもしれません。「本を読まない」人のすべてが，実のところ「本嫌い」ではないはずです。サインがゆるやかなコミュニケーション手段であるなら，そんな自称「本嫌い」の人たちに，本や図書館のもつ可能性を少しでも伝えることができないでしょうか。

　もちろん，図書館における文学の存在を軽くすべきだという意味ではありません。文学のもつ豊かさ，物語が人の心を開く力は大切なものです。ただ，文学は図書館ではすでに十分にアピールされたジャンルなのです。そして，他のジャンルにも同じようにスポットを当てようとするためには，サインの工夫です。何しろサインに関しては，文学は不利な立場

にあります。著者名が見出し語になることが多く、工夫できる範囲がとても少ないのです。そのため、サインを工夫することは文学以外のジャンルをアピールすることにつながるのです。

図 2-24　医学哲学、医療倫理（490.1）のサイン（愛知川図書館）

　具体的には、世界に対する疑問や好奇心をサインで表現し、棚の前にいる人に投げかけて共有を呼びかけるのです。生活のちょっとした困りごとから深刻な悩みまで、解決の糸口を求めて本を探す人の気持ちを想像し、ことばで共感を表すのです。それらの疑問や悩みに答えてくれるのが、サインのもとに並べられた本であるということを表現できれば、サインで本の可能性や図書館の多様性を伝えることができるのではないでしょうか。
　「本嫌い」で本なんか読まないといった人の何人かは、やがて来館し、たくさんの本を抱えて借りて帰るようになりま

した。両手いっぱいの本は，みごとに文学以外のさまざまな
ジャンルが並んでいました。

2.8 差し込みサインはどこまで必要か

ここからはサインの見出し語から離れて，上限が定められ
ない差し込みサインの「数」について考えていくことになり
ます。

側板見出しや連見出しは棚の構造上，設置できる数が限ら
れていますが，差し込みサインについては使用する数の制限
がありません。ジャンルをどれくらい細分化するかによって，
差し込みサインの数は変わってきます。また，単純に館の規
模や蔵書冊数による適正な枚数が割り出せるものではありま
せん。どんな棚にしたいのかによって，できるだけ少なくし
たい派から，できるかぎり差し込みたい派まで分かれるのだ
と思います。

棚を落ち着いた知的な空間にしたいのであれば，できるだ
け少なくすることになります。もしかして「本好き」な人に
とっては，この差し込みサインは，おせっかいで背表紙を見
づらくしている邪魔な情報なのかもしれません。棚と対峙し
本の背表紙を読み取り，サインによる手がかりを最小限に，
棚全体を知識の総体として捉えたい——それが可能になるに
は，前提として厳選した選書と厳密な配架が必要になると思
いますが——という人もいるかもしれません。しかし，そん
なふうに棚に向かうためには，本に対する知識とそれ以上に
努力を必要とします。公共図書館では，やはり利用者の時間
と本を探すための不必要な努力はできるだけ排除していきた

108

いものです。

　さて，私自身は差し込みサインで本の背まで見えなくして
しまった派です。リニューアルのときには，かなりの数を使
用し，場所によっては本よりサインが目立つという箇所もあ
りました。そこまでつくってしまったのにはわけがあります。
蔵書冊数の少ない図書館では，差し込みサインは本の在処を
示すだけではなく，「今はまだない本」の存在を表現するこ
とができるのではないかと考えたのです。

　小さな図書館では，ジャンルによっては際立つほどのボリ
ュームが出ないことがあります。話題になったばかりの新し
いテーマならなおさら，数冊が貸出に出たらほとんど棚には
残りません。そんなふうに所蔵の少ないジャンルでも，これ
から出版や利用の見込みもあり，蔵書を増やす予定の分野で
あれば，前倒しで差し込みサインをつくって，そのジャンル
をアピールしてはどうでしょうか。サインで明示するという
ことは，図書館がそのジャンルの存在を把握し，重要視して
いるという意思表示でもあると思うのです。所蔵の冊数にか
かわらずサインをつくることで「今はまだない本」の予告を
し，それとともに，ジャンルの多様性を保っていこうとする
姿勢も伝えることができるような気がします。

　リニューアルしてしばらく経つと，サインを量産したこと
によって，私たちスタッフにも役立っていることに気づきま
した。差し込みサインで棚が細分化されたため，返本作業時
に，利用の割に所蔵が少ないジャンルが体感できるようにな
ったのです。「このサインの棚にはよく返本に行くのに蔵書
が少ない」というように，サインによって本が不足している
分野の把握がしやすくなったのです。もちろん分類別貸出統

2章　サインをもっと自由につくる………109

計や蔵書回転率など統計でも分析できますが，返本作業のほうがより具体的な主題を特定することができるうえ，所蔵している本やよく利用される本の内容，難易度までわかるのです。これは選書時の重要な手がかりとなりました。スタッフ間で情報を共有し選書に活かすことになりました。

2.9 差し込みサインは本を仕分ける

(1) サインの仕分け力①　今の桁数より細分化できる

差し込みサインには，本の案内をするだけではなく，段の中で本の先頭を明示することで，その見出し語のジャンルを他のジャンルから仕分けるという役割もあります。

さて，差し込みサインで棚のどこを仕分けるべきかとながめていると，使用している請求記号の桁数以上に細分化したくなる分野が見つかります。たとえばNDC4桁を請求記号にしている場合，分野によっては4桁では区分しきれず探しにくくなっているのです。

中小規模図書館では，NDCの4桁を請求記号として採用する館が多いかもしれません。その規模の図書館で使用する適正な桁数ではあるのですが，ところどころでうまく分類しきれずに雑多になってしまう棚があります。4桁で分類すると多様な主題が集まるところです。そういう箇所だけ5桁に変更すればよいのですが，ラベルの貼り替え，データの変更，けっこう面倒です。

そこで差し込みサインのみ5桁レベルで作成し，棚を仕分けてしまうのはどうでしょうか。ラベルもデータもそのままで，配架は書名で判断します。少々間違って配架しても大丈

夫。同じ連や段の中なので迷子本にはなりません。

　たとえば，361.4（社会心理学）。NDC4桁で配架すると，ここにはいろいろなテーマの本が雑然と並んでいるように見えます。この361.4はクセもので，仕分けをゆるくしてしまうと，必ずここは「社会学系の049」というべき雑著感のある棚になってしまいます。

　さて，そんな361.4について，ある程度のボリュームが集まる項目を5桁の分類で抜き出すと，

　　361.4　　社会心理学
　　361.42　　地方性．国民性．民族性
　　361.43　　リーダーシップ
　　361.44　　グループ　ダイナミックス
　　361.45　　コミュニケーション
　　361.453　マスコミュニケーション　マスメディア
　　361.46　　宣伝．広報
　　361.47　　世論．世論調査

となりました。これを少々まとめてサインをつけると，

　　社会心理学
　　集団とリーダーシップ（リーダーシップとグループ　ダイナミックス）
　　コミュニケーション入門
　　メディアのチカラ（マスコミ，マスメディア，宣伝）
　　世論調査
　　ホント？県民性・国民性

となりました。これだけサインで仕分けをすると，そもそもここがどんなテーマをもつ分野なのかも明確になり，雑多だった361.4が面白い棚に変わります。

2章　サインをもっと自由につくる………111

書名だけを手がかりに 6 分割の棚を維持することが難しいときは，「社会心理学」と「県民性・国民性」の 2 分割だけでも比較的すっきりします。361.42 の「地方性. 国民性. 民族性」は，「○○人は△△である」などの各国別の気質について書かれたものや「大阪のおばちゃん」分析など，県民性の楽しい読み物が多いところです。

図 2-25　地方性. 国民性. 民族性（361.42）（愛知川図書館）

　しかし，361.4 に生まれるカオスの原因のひとつは，この「県民性・国民性」にあるのです——ちなみに，もうひとつの原因は「コミュニケーション」（361.45）です——。文化論的立場から研究された著作もありますが，その多くは科学的根拠が示されておらず，実証的に裏づけされたものではありま

112

せん。そこで「県民性・国民性」のサインをつくり，他の361.4と仕分けることにします。読物として楽しめる「県民性・国民性」を集めて，他の科学的根拠に基づく「社会心理学」と分離すると，それまでの棚のような雑多な雰囲気は薄まり，双方のテーマの面白さを引き立たせることができます。

社会心理学
ホント？県民性・国民性

　ほかにも，請求記号4桁では適切に区分されない箇所を探してみます。
　376.1（幼児教育）を4桁で配架すると，理論，教育史，経営，教育課程がすべて同じ376.1のもとに集まることになります。特に利用の多い分野である教育課程について，「絵画」「音楽」「リズムあそび」「おはなし」など内容別に分類しようとすると，6桁まで展開する必要があります。これも差し込みサインで仕分けると探しやすくなります。よく利用される箇所なので，すでに「手あそび」「壁面づくり」「劇あそび」「リズムあそび」「手あそび」「読み聞かせ」など書名に準じてサインを工夫している図書館も多いかと思います。
　江戸時代の歴史は，出版も所蔵も利用も多い分野です。その210.5（近世）は，NDC5桁以上に展開させると，江戸初期，中期，末期と，さらに細かく時代を仕分けることができます。書名だけで初期，中期を判断して配架するのは厳しいというときは，「江戸時代」と「幕末」の2つのサインだけでも大丈夫。大きく時代が変化する幕末を仕分けるだけでも，江戸期の歴史の流れが把握しやすい棚になります。

2章　サインをもっと自由につくる………113

1927年からはじまり日中，太平洋戦争をはさむ210.7（昭和・平成時代）も同じです。2.26事件とバブルの時代の本が同時代として隣同士に配架されていると，時代感覚がよくわからなくなってしまいそうです。歴史の棚だけに，本の配列で，ある程度時代の変化が表現できていることが理想です。

正確に配架しているにもかかわらず，いろいろな主題が混じってしまい，まとまりのない棚になっているとき，請求記号の桁の展開が少ない可能性があります。「まとまりがない」といっても，探すには困らない程度なのでついつい見逃してしまいますが，ブラウジングという点から見ると影響は大きいかもしれません。まとまりのない雑多な棚は，ブラウジングしていても面白くないのです。ブラウジングして楽しく探しやすい棚をめざすなら，その分類に見合った適正な桁数で配架することが必須です。そのためには採用しているNDCの桁にこだわらず，差し込みサインを使って棚を仕分けることも解決の手法になります。

(2) サインの仕分け力②　NDCよりさらに細分化できる

もうひとつ，差し込みサインの仕分け力に期待したい件は，NDCがもつ区分以上にテーマを細分化するということです。NDCでは，分類項目のもとに集まるテーマが多彩すぎて，最大の桁数を使用して区分しても，いろいろな本が混配されているように見えるところがあります。その場合も，差し込みサインでテーマ別に仕分けすると探しやすくなるはずです。

最大の桁数を使っても分類しきれない箇所の多くは，ひとつの分類項目に複数の主題が付与されていることが原因です。例として，493.7（神経科学．精神医学）のケースを考えて

114

みたいと思います。

　NDC4桁で配架すると，493.7の棚はほとんど区分されることがありません。脳，脊髄，神経系，精神の疾患が集まるため，書名に多い疾患名だけを列挙しても，脳外傷，脳出血，脳腫瘍，脳卒中，脳梗塞，神経痛，頭痛，てんかん，めまい，パニック障碍，不安障碍，強迫神経症，摂食障碍，依存症，PTSD，うつ病，認知症，発達障碍，統合失調症などがランダムに並ぶことになります。正確に並べているにもかかわらず，いろんな病名が混在するため無秩序に配架されているような印象になります。

　そのうえ，神経内科を受診する病名と精神科を選択する病名が一緒に配架されることになるため，本を探している人は棚の前で混乱しそうです。長期の治療が必要になる疾患や命にもかかわる疾患が並ぶため，このままの配架では患者と患者の家族に余計な負担を強いることになります。

　それを解消するため，せめて脳・神経系疾患と精神疾患は分けて配架したいとNDCを確認すると，残念ながらこの項目の最大桁数を使用しても混沌は解消されないのでした。その原因は「493.74」の項目にありました。493.74（機能的神経疾患．神経症）のもとには，強迫神経症，痙攣，神経衰弱，頭痛，てんかん，めまいなどが集まります。この項目の最大桁数5桁まで展開しても，神経系疾患と精神の疾患の双方が混在することになります。

　解決策は，書名に多い疾患名別のサインをつくって仕分けることです。493.7には特に出版点数の多い疾患が集中しています。所蔵資料のタイトルをみながら疾患名の差し込みサインをつくって仕分けると，無秩序な印象はなくなるはずです。

2章　サインをもっと自由につくる………115

下記では，大きく「脳と神経」「心」の2分割し，その中で
出版点数の多い疾患名について見出し語を例示してみました。

連見出し
脳，神経，こころ
差し込みサイン
脳と神経の病気
脳梗塞・脳卒中
脳外傷
頭痛
認知症
高次脳機能障碍
てんかん
パーキンソン病
自律神経失調症

差し込みサイン
心が気になるとき
睡眠障碍
おとなの発達障碍
強迫性障碍
不安障碍（パニック障碍・社交不安など）
心的外傷後ストレス障碍　PTSD
摂食障碍
いろいろな依存症
統合失調症
うつ病・双極性障碍

脳・神経系の疾患と精神にかかわる病気に分類し，書名に
よく登場する病名をサイン化してみました。認知症など神経
内科，精神科の双方で受診する病名については，便宜的に割
りふっています。出版点数が少ない病名については，各先頭
の差し込みサイン──「脳と神経の病気」「心が気になるとき」
──に配架し，本が増えれば病名サインを追加することで解
決できると思います。

　なお，NDC10版では493.74には，頭痛やてんかんなどの
機能的神経疾患のみを収めることになりました。精神障碍で
ある神経症を収めるために493.743が新設され，神経疾患と
精神障碍の混在は改められています。また，その493.743（神
経症）の下位区分として，493.745に摂食障碍の項目も設定
されています。これに準拠すると，「てんかん，頭痛，めまい」
と「強迫神経症，パニック障碍，PTSD」がそれぞれ区分され，
さらに摂食障碍の混配も解消されることになります。

　差し込みサインは，見出し語のことばの選択とともに，そ
の数，差し込む箇所も大きな要素になります。探しやすさの
ためには，まずはサイン板でどう棚を仕分けるかを考えるこ
とが大事です。どれだけ見出し語を工夫しても，各テーマが
活きるような単位で仕分けられていないことには，ことばの
魅力も探しやすさも半減してしまいます。サインをリニュー
アルするときには，今のサインの箇所をそのまま新しいサイ
ンに置き換えるのではなく，サインを入れる箇所の見直しか
らスタートすることをおすすめします。

2章　サインをもっと自由につくる………117

注
1) 『LGBTってなんだろう？　からだの性・こころの性・好きになる性』合同出版，2014，p.19
2) 『大辞泉　第二版　上巻』小学館，2012

コラム　　　　　　　　　　　　　　　　その5

勝手に考える
大規模図書館のサインのはなし

　これまで主にNDC4桁館の棚を対象に，サインで細分化するという話を展開してきたので，それなら5桁以上の館は？と考えて気づきました。5桁図書館の多くが大規模図書館，都道府県立図書館かもしれません。自分の勤務経験はすべて中小規模図書館で，「実践」に基づいたものは書くことはできません。そこで，見学や利用で得た印象をもとに考えてみることにしました。

　都道府県立図書館レベルの蔵書規模の図書館で，5桁以上に細分化された棚を見ると，NDCの系統立てられた知の世界が眼の前に広がる感じがします。数の多さに加えて，ジャンルの多様性が確保されているからこそ表現できるのであって，それほど開架冊数のない中規模以下の図書館ではなかなか実現しえない棚です。

　しかし，それだけ大量の本を細分化して配列しながら，差し込みサインのほうはNDC4桁レベルで控えめに作成されている場合は，なんとも残念に感じるのです。蔵書の多さ，専門的な本まで揃えられているという大規模図書館の利点が裏目となり，中小規模図書館以上に手がかりが少なくなって探しにくいのです。

　大規模図書館でNDC4桁レベルのサインを使用した場合，その蔵書数からすると1本の棚にサインが数か所，1連の棚に差し込みサインがひとつもないところも多くあります。差し込みサインのない棚の前に立ったとき，その棚の分野を把握する手がかりとなるのは，大まかな分野が書かれた連見出し，そして背の書名だけです。図書館で本を探すことによほど

慣れた人でないかぎり，「自分の左方向」にある一番近い差し込みサインを探すという発想はないと思うのです。さらに，目の前に並ぶ書名は必ずしも手がかりにはなってくれません。

　本を探すときには，サインとともに棚の書名も読み取ってその分野を把握し，目的の場所にたどり着こうとします。けれども，都道府県立図書館なみの蔵書を支える予算が確保されると，選書される資料の幅も広がり，専門書，研究書レベルまでが棚に並ぶことになります。その研究書の書名は専門用語が使われた長いものが多く，門外漢には一読では理解できないこともしばしばです。そんな難解な書名が混じっていると，さらに棚のジャンルの把握は難しくなっていきます。

　法律の棚を例に考えてみます。暮らしの中で突然必要になるのが法律と医療。特に法律は，法体系になじみがないまま急な必要に迫られて探すケースも多いため，ふだん法律の棚を利用しない人にとってはわかりにくいところです。離婚など暮らしの変化に伴って法律関係の本を探し求めて来た人は，まず側板見出しで「民法」，連見出しで「親族法」「家族法」――連見出しでも「民法」を使用しているケースもあり――であたりをつけ，差し込みサインの「家族法」を見つけたと仮定します。

　中小規模の図書館なら家族法のボリュームは少ないため，ここから先は比較的ラクに見つけることができます。しかし，大規模図書館で差し込みサインを控えめに使用している場合だと，ここから何連かにわたる「家族法」の棚から，探している婚姻，離婚の 324.62 が並ぶ箇所を，書名だけを手がかりに探し出すことになります。その中には家族法の全集や大学で使う専門書，法律家向けの研究書など難解な書名も一緒に並んでいるかもしれません。自分が探すべき棚は本当にここで合っているのかと迷ってしまいそうです。

　そこで，5 桁レベルの差し込みサインで棚を細かくガイドしてみます。たとえば，「結婚と離婚に関する法律」（324.62），「親子関係に関する法律」（324.63，324.64），「成年後見制度」（324.65）というふうに，ここには何に関する法律が収められているのかを具体的に表示すると，各段に探しやすくなるのではないでしょうか。探しやすくなれば研究書の難解さは気にならず，むしろ幅広く本が選定されているという印象に変わり，棚に信頼感が増すようになると思うのです。

2章　サインをもっと自由につくる………119

もちろん,すべて5桁レベルでサイン化するとさすがに多すぎるとは思います。それでも,「医療」「法律」など専門外の人の利用も多いジャンルや,5桁でボリュームが出る箇所などは,細分化すると探しやすさは各段にアップするのではないでしょうか。各連にせめてひとつはサインが差し込まれていると,膨大な蔵書の中でも迷うことなく目的の棚までたどり着けると思うのです。

　また,「探しやすさ」が増すだけではありません。細かなジャンルまでサインを差し込むと,ニッチなジャンルも含めて多種多様,硬軟取り混ぜたそのコレクションの豊かさが「見える化」されるはずです。

　これまで,中小規模図書館の棚の所蔵の少ない箇所にさえサインを細分化することを主張しておきながら,やはり,サインを量産化することで俄然面白くなるのは,膨大な本を抱える大規模図書館の棚なのかもしれないと心の中で想像しています。

3章 リニューアル作戦の内幕

3.1 リニューアルのコツのコツ

　配架の工夫とサインが終了したところで，ここからはリニューアル作戦に再び戻り，スケジュールの立て方，具体的な手法，コツについて説明します。実際のリニューアルのマニュアルに使ってもらえるよう，当時の記憶を掘り起こし，詳細な部分にまでふれることにします。

　このリニューアルは，大きく2つのパートに分かれています。1年かけて作業する長期的なパートと，3日間で終了させる短期的パートです。

　長期的な作業としては，大量の書庫入れ，配架の小さな移動，サインの作成などで，すべてが終了するまで1年かけて作業しました。短期間で完成させようと思うと大変ですが，日常業務の合間のちょっとした時間を利用して，なかなか進まなくても気にせず，1年後をゴールにするとラクにスタートできます。

　一方の短期的な作業ですが，こちらは3日間集中の肉体作業，大きな本の移動です。秦荘図書館の場合は1年間で開架フロアの本の3分の2を移動させましたが，その大部分である全体の3分の1については3日間で終了しています。

　開館中に利用者の目の前で大量の本を移動させることは無

3章　リニューアル作戦の内幕………121

理なので，集中して作業できる日を確保するため，資料点検
期間内の作業を企画しました。資料点検する箇所を一部省略
して早く切り上げ，3日間のリニューアル作業日を捻出した
のです。このときは一般室のみ点検し，書庫と児童室はスキ
ップすることで対応したと思います（次年度は全面的かつ徹
底的に点検しました）。この何とか手に入れた3日間をいか
に有効に使えるかが，その後のリニューアルの成否にかかっ
ていました。

　ちなみに，秦荘図書館は開架面積703㎡，開架冊数65,000
冊（当時）。その3分の1の本の配架を総入れ替えするのに，
1日当たりの作業人数は4人×3日間で完了可能でした。配
架作業がとてつもなく早いスタッフがいた，というような特
殊な事情はありません。やればできてしまったという感じで
す。

　この短期的なパートの3日間の作業を要領よく行うために
は，事前の準備作業をきっちりすませておくことがポイント
です。

(1)　書庫入れ

　新鮮な資料を目立たせるとともに，十分な面出しのスペー
スをつくるための書庫入れです。ある程度のスペースを確保
するためには，書庫に入れる本を思い切りよく選択すること
が必要です。できるだけリニューアル前にすませておくと，
その後のフロアの本の移動もラクになります。秦荘図書館で
は約9,900冊を書庫入れしたので，大量の本を収納するため
の書庫の整理も同時に行いました。

(2) 配架計画を練る

　フロアに本をどのように並べるか，利用者が本を探す行動を予測して動線を考慮しながら配架を計画します。この配架計画がリニューアルのかなめ，図面をにらみながらいくつものプランをつくっては，何度も練り直しをすることになります。プランが固まってきたら，具体的な冊数計算にかかります。移動させる本の冊数と，移動先の書架の収容冊数を緻密に見積もり，プランどおり収容可能か最終判断をします。大雑把な目分量で移動させると本が入りきらなかったり，逆に棚が余ったりします。どちらも何度も経験しました。できあがった配架計画は図面に詳細に記入しておきます。

(3) 移動作業も計画する

　どの棚から着手するのか，作業の優先順位も事前に決めておきます。確保した日程では，予定作業がすべて終了しないことも想定しなければならないためです。そのため，より大規模な移動からスタートし，少量の移動や，移動距離の短い場所，シンプルな動きですむような箇所は後回しにするよう計画します。そのような小さな移動が残ってしまったときには，日常業務の合間に少しずつ作業していくことになります。

(4) 当日の作業を脳内シミュレーションする

　要領よく動くため，当日の作業工程を予習しておきます。2本の書架間で本を入れ換えるだけなら作業動線はシンプルなのですが，3本以上の書架の本を相互に置き替えたり，この段の本はあちら，その段は向こうの棚と，1本の書架の段レベルで移動先が異なったりする場合もあります。そのため，

当日うまく交通整理できるよう各スタッフの動き，本の動きを脳内でシミュレーションし，動線が混線して作業が中断しないよう事前にチェックしておきます。

（5）　棚には大きく表示を貼り付ける

　作成した配架計画を図面にしただけでは，配架図を見ながら作業することになり，要領よく動くことができません。そのため，作業の前日には，新しく配架することになる分類を各連，場合によっては各段レベルで書き出して，移動先の棚に貼り付け，大きく「見える化」しておきます。このひと手間で作業スピードは上がると思います。

　ここまでが前日までの作業です。短期集中作業に入ると，その数日間はひたすら肉体労働，本の移動の繰り返し。それ以外の作業としては，「別置」コード入力のための本のスキャン，それと意外に時間がかかる別置シール貼りです。

　不思議なことに，体を動かしているといろいろなアイデアが生まれることがあります。図面上で配架計画を練っているときには浮かばなかったような案が，無心に本を動かしていると湧いてくることがあるのです。そんなときには，遅かったと一蹴しないで，忘れないようメモです。他のスタッフも同様，何か思いついた可能性もあるので，新たなアイデアは集めてストックしておきます。短期作業後，それらを再検討し，可能なら館内整理日などを利用して修正を加えることにします。

　以上が，怒涛の短期パートの作業内容です。この 3 日の作業期間が終わった後は，再び，日常業務の合間に行う長期的

なリニューアル作業へと戻ります。今回の長期作業では，短期作業で終了しきれなかった移動があれば終了させ，配架を完了させていきます。その配架のゴールが見えてきたら，今度はサインの見出し語に取りかかります。見出し語を考えはじめるのは，ある程度，配架の全貌が見えてから着手することをおすすめします。新しい配架の並びで見る書名が，見出し語の発想を助けてくれることになると思います。

　マニュアルとして使えるようにと考えた挙句，細かすぎるところまで記述をしてしまいました。しかし，半分くらいは「こうすればよかった」という反省に基づいたものです。実際には，移動先の棚から本があふれてしまったり，書架に大きなスペースができてしまったりと数々の失敗がありました。けれども，移動前の緻密な棚計算，作業計画を綿密にしても不安が残るとき，石橋を叩きすぎて割ってしまうよりは，思い切ってスタートしてしまうほうがよいかもしれません。もしものときも，体力を少し投入するだけで軌道修正は可能なのです。

3.2 「誰」に向けてリニューアルするのか

　リニューアルのコツ紹介の最終局面になって，根本的な問題に取り組むことになりました。それは，リニューアル計画の対象は誰なのかということです。答えは，もちろんその図書館のサービス地域に住む人びとです。ものすごく当たり前のことですが，この当たり前をうっかり忘れてしまいそうになるのです。対象は「住民」と思いつつ，ついつい目の前の「図書館利用者」を具体的に思い浮かべてしまうのです。

3章　リニューアル作戦の内幕………125

けれども，図書館を利用している人びとは「住民」のごく一部，必ずしも住民を代表するわけではありません。ハードユーザーになればなるほど，その図書館の棚に満足して利用している可能性があります。今のサービスを支持しているハードユーザーを起点に棚づくりを考えても，現状を補強するようなマイナーチェンジにしかなりません。

そのため，リニューアルの対象として考えるべきなのは，目の前の利用者プラス，多数派である「まだ来館していない利用者」の全住民。その全住民が利用したいと思えるような棚をイメージして計画する必要があります。

未利用者を「現状の棚に満足していない人」と仮定して，その人たちを図書館の利用に引き込むためには，現状の開架フロアにおけるジャンルの配分までも疑わないといけないかもしれません。もしかすると，未利用者の人びとが必要としているジャンルに，十分な冊数が割かれていない可能性もあるからです。

求められるジャンルを予測し，フロアの中に適切なスペースを割り当てるためには町の情報分析です。統計資料から年齢別人口構成，産業種別の人口統計や事業者数などを収集します。商工会等のサイトにデータベースや企業情報があれば，数値だけではなく具体的な業種や製造内容が把握できます。サービス域内近辺に大病院があればその診療科を，大学や専門学校があればその学部学科も調べておきます。そのほか，既知の情報である歴史や観光資源などの地域特性，世帯構造，外国人登録者数とその国籍なども条件として考慮します。

これらの情報を収集した結果から，より多くの住民に利用される棚を仮説として導き出すことにします。それは，今の

図書館の利用や棚の構成をいったん白紙に戻して，新しい図書館を立ち上げると仮想し，この町にどんな図書館が支持されるかを分析することに感覚的に近いかもしれません。

一方，今の棚を支持している利用者からはそっぽを向かれるのではないかという不安もあると思います。しかし，リニューアルで多様なジャンルが立ち上がる棚にすることは，今の利用者の読書の幅も広げるはずです。人の好奇心はそんなに限定的ではない。リニューアル後の棚から，いろいろなジャンルの本を借りるハードユーザーの人たちのすがたを見てそう感じました。

3.3 リニューアルに仲間を引き込む

リニューアルは，職場の仲間の協力がなくてはスタートできません。けれども，新しいことをはじめるにあたって周囲の同意を得るのは難しく，そもそも説得すること自体が一番ハードルの高い問題のように感じることもあるかもしれません。また，今の図書館の現場はみんな忙しく疲れ気味で，何か新しいことに踏み出そうという雰囲気は生まれにくいかもしれません。たとえリニューアルの必要性について一定の理解が得られたとしても，今の図書館がある程度利用されていれば，なおさらリスクを冒そうとまでは思わないものです。

おそらく「必要性」だけでは，なかなか踏み切れないのです。もっと感情や物語を伴った動機がいるのです。そんな動機をみんなと共有するためには，まず，「少し変えてみる」。自分のできる範囲でほんの少し，たとえば，面出しのスペースを広くつくってきれいに陳列する，サインを仮につくって

差し込むなど，リニューアルの見本棚をつくってみるのです。現状でも，すでに自由度の高いサインを使用している「料理」のジャンルなら，新しいサインもつくりやすそうです。「面白そう」「きれいにディスプレイするとこんなに変わる」「変えた棚を利用者がながめていた」……。少しでもそう感じてもらえれば大成功。「必要性」だけでは動くことができなかったとしても，そこに共感する気持ちが伴えば，きっと仲間は生まれます。利用者に喜ばれているという物語が共有できれば，それまで余分な作業としか感じられなかったことも，楽しいチャレンジとなって，ゴールをめざして一緒に走ることができると思います。

　もうひとつの仲間をつくる方法は，「私も同じように思っていた」という記憶を引き出して共有すること。「何で本はこんな並びになっているの？」「何で似ているジャンルが分かれているの？」「図書館のサインは固い」。司書として働きはじめて間もない頃，誰もが必ずもった疑問です。それを思い出して，その当時の自分たちが覚えた違和感は，今も利用者が抱いている違和感であることを気づき合うのです。経験を重ねた今ではNDCへの知識も増え，昔あった違和感はなぜそうなるのかが理解できるようになりました。しかし，どんなに私たちの中の違和感がなくなったとしても，そのままでは棚の違和感は残ったままです。昔の違和感を思い出し，積み重ねた経験をてこに，解決の手法を一緒に見つけ出そうというところへみんなの気持ちをもっていければよいと思います。

　仲間づくりはハードルが高いことを前提にしましたが，本当はもっと単純に，「棚を変える」という選択肢があること

を知らせるだけで解決できる部分が大きいのかもしれません。開館して何年も経つ図書館では，大幅に配架を変更するということを日常の仕事として考えることはありません。その選択肢が自分たちの手の中にあるとわかったなら，モチベーションもアイデアも豊富に湧き出す仲間はたくさんいるのではないでしょうか。

図 3-1　リニューアル後の面出し棚（秦荘図書館）

3.4 リニューアルの評価と成果

リニューアル後，図書館の利用にはやはり変化が生まれました。数値的な分析に加えて，利用の風景から感じた印象も合わせて紹介します。

まず，数値的な成果をあげると，リニューアル前後の年度統計を比較したところ，貸出冊数は約 1 割上昇しました。その内訳は，それまで利用の中心だった 9 類（文学）が減少し，2 類（歴史・地理），3 類（社会），4 類（自然科学），5 類（工業）の利用が増加しました。1 年で 1 割の上昇は大きな数値

ですが，これらの分野は選書にも重点を置き，新刊購入冊数が増えたところなので，棚の工夫とサインというリニューアルだけの成果ではありません。実利用者数は横ばい，つまりそれまで図書館を利用していた人びとが，今まで以上にさまざまなジャンルを借りた結果であるとすれば，読書の幅を広げるという点で，リニューアルの効果があったと考えられます。

　ただ，既存の利用者に加えて，未利用者の参入によって，実利用者を増加させるところまでは到達できませんでした。あるいは，文学関連の利用が相対的に減少したことを考えれば，既存の利用者が減って新たな利用者と入れ替わることにより，文学以外のジャンルを中心に貸出冊数が増加したと考えることも，理論的には可能です。いずれにしろ，未利用者を引き込むためには，リニューアルに加えて図書館に来館するきっかけ，動機づけをつくり出すための長く地道な活動が必要になります。

　開館しながらのリニューアルのよい部分は，その過程が見えるため利用者からダイレクトに評価が得られる点です。「あれ？　何か違う？」「来るたびにどこか変わっている」。面白かったのは「本が増えた」という意見です。大量の本，約1万冊を書庫に入れたと説明しても，新しい本がたくさん入ったと喜ばれてしまいました。「図書館に長年通っている私でも見たことのない本がたくさん並んでいるのは，新刊が大量に入荷したからに違いない」という判断だったようです。動線を意識して配架の構成を変え，表紙を見せて陳列したため，今まで気に留めなかった本，興味のなかった分野が目につくようになり，結果「本が増えた」と感じたのかもしれません。

このように見えていなかった本が見えるようになったのは，リニューアルの大きな成果でした。リニューアルの目的は，ただ探しやすい棚をつくるだけではなく，さまざまなジャンルの存在を際立たせ，図書館の棚に多様性を加えるというねらいがあったためです。各種さまざまなジャンルを魅力的に陳列することで潜在的な興味をかきたて，利用者の読書の幅を広げる機会にしたいと考えていました。そのねらいが少し利用者に届いたのではないかと感じた瞬間でした。

　リニューアルの成果は，スタッフの棚に対する姿勢が変化するというかたちでも現れたような気がします。つまり，リニューアルで棚づくりを経験したことで，「棚に責任をもつ」という感覚が生まれたような印象をもったのです。

　リニューアルは，配架で資料を組み合わせ，場合によっては書庫入れで削除をし，サインでタイトルづけをするという，いわばコレクションを再構築するような作業です。そのため，そこで繰り返される思考は，コレクションの構築である選書にも近くなるように感じます。その選書と共通する思考とは「棚づくり」のための思考，つまり，地域に対する知識，本と出版状況への知識，蔵書や利用状況に対する理解，これらを収集分析し，利用者はもとより未利用者にも支持される棚の仮説を立てるというものです。この仮説のあとに続く作業が，選書であるか，リニューアルかの差はありますが，現状のさまざまな条件をふまえて予測し，魅力的な棚をつくるための仮説を立てる思考方法は，選書もリニューアルにも共通しているような気がするのです。

　さらに，「棚をつくる」ための思考を繰り返すうちに，いつしか「自分たちの図書館は何をめざそうとしているのか・

3章　リニューアル作戦の内幕………131

人びとにどのように役立つ存在であろうとしているのか」という本質論に何度も立ち戻って考えることになります。「魅力的な棚」「役立つ棚」といった形容を，具体的な棚に落とし込もうとすれば，思考のどこかで「誰のための，何のための図書館」なのかという本質論に依らざるをえないのかもしれません。そして，このような本質論を，机上ではなく，日常的なサービスの中で常に問い続ける機会があるということは，専門職として不可欠なことだと思うのです。

　もちろん，ほかの図書館サービスでも，このような本質論を問い返す場面は多々あります。ただ，「棚づくり」では，図書館がめざすものを実現する手段である資料を構築する日常的な行為であるため，根本的かつ反復して思考されることが多くなると思います。

　「誰の，何のための図書館か」という本質論を問い返しながら，人びとの可能性を広げることを意図して棚づくりをした結果，「棚に対する責任感」という感覚は自然に生まれてきます。そして，その感覚は，この図書館の根幹に自分もかかわっているという確かな実感にもつながっていくような気がします。

　図書館の運営形態や規模，選書方法によっては，すべてのスタッフが選書の過程にかかわれるわけではありません。その損失として，全スタッフの本に対する知識や，カウンターで仕入れた生の利用動向といったものが，選書にダイレクトに反映されないということはしばしば言及されることですが，裏を返せば，すべてのスタッフに選書の経験が蓄積されないという損失でもあるのです。そして，その損失の大きな部分は，「棚に対して責任をもつ」という意識が形成されにくい

132

という部分ではないでしょうか。

　各図書館の状況によっては，すべての職員が選書にかかわることは困難であるかもしれません。けれども，「棚に対する責任感」がリニューアルでも得られるとしたらどうでしょうか。もちろん，そのためにリニューアルするというのは本末転倒です。けれども，リニューアルを通して，棚や図書館にそれまで以上に深く関与し，専門職として成長し，それによってサービスが深化する可能性もあるのではないかと思うのです。

図 3-2　リニューアル後（秦荘図書館）

4章 リニューアルのあとに見える選書

4.1 棚に向きあって選書がはじまる

　前章で，リニューアルは選書でつちかわれる経験の一部を，代わりに担うことができると結論づけました。けれども，選書そのものは，リニューアルの完成度を高めるためにも重要になってきます。なぜなら，リニューアル作業が進行するうちに，棚を工夫したにもかかわらず，逆に蔵書の欠点のほうが浮かび上がって見えてしまうことがあるからです。それは，棚に真摯に向かい合った結果，蔵書に対する理解が増したことで見えはじめる欠点なのかもしれません。

　たとえば，棚の中に何かが足りない，入門書や軽めの読み物，ムックが多く，冊数の割には選択肢がないように感じることがあるのです。また，蔵書への理解が進んだことに加えて，選書と利用のミスマッチも体感できるようになりました。差し込みサインを量産したため，利用されているのに蔵書が少ないというアンバランスな箇所が「見える化」されたのです。このように，リニューアルで蔵書の不足やアンバランスが見えてくれば，次は，その部分を選書で埋め合わせていくことになります。

4.2 すぐに結果を求めない選書

　ところで，日々，利用や要求を取り入れ，ときには先取りして棚をつくってきたはずなのに，なぜ棚にアンバランスが生じてしまったのでしょうか。特に，開架フロアの小さな中小規模の図書館で考えられる原因を探ってみました。

　多くの図書館では，開架冊数のうち9類文学が占める割合は3割ぐらいではないかと思います。しかし，2015年の新刊の部門別点数を調べると，文学が占める割合は2位で16.7％，1位は社会科学の19.5％，3位は芸術の16.2％となっています[1]。新刊点数と複本もある図書館での開架冊数は，必ずしも比例するものではないと思いますが，図書館で選定される9類のボリュームから考えると，文学の出版点数が思ったよりも少なく感じるのではないでしょうか。

　しかし，蔵書規模，予算規模の小さな図書館になればなるほど，購入点数のうち文学の占める割合がどうしても大きくなっていきます。文学，特に日本の現代小説は人気の高い分野です。リクエストも多いなど利用者の反応もよく，それに応えたいという判断から選書時に重点が置かれ，結果としてフロアの中で文学が目立つことになります。利用者の要求に応じた結果のフロア配分かもしれませんが，文学が占める割合が開架の4割を超え半分近くなってしまうと，その範囲を逸脱しているかもしれません。文学好きでない人からすれば，図書館のフロアの半分は興味がもてない分野に占められていることになるのです。

　また，フロアが文学主流であるということは，それ以外のジャンルの多様性が減少していることに加えて，いろいろな

難易度の本が確保されることも難しくなっている可能性もあります。たとえば，少ない資料費で9類以外のジャンルもできるだけ新刊の点数を揃えようとすると，利用されやすく安価な入門書が中心になってしまいます。特に，今まであまり利用されていなかった分野はどうしても選書にも及び腰で，「はじめての」「だれでもわかる」といった書名の入門書に手を伸ばしてしまいます。また，入門書はそれなりに利用されるため，その実感から追加選書されるのも同じレベルのものが多くなりがちです。そのため，ジャンルの多様性を確保したつもりでも，実は，それぞれのジャンルの中の難易度が確保されていない場合もあるかもしれません。入門書を卒業してその先に進みたい人たち，その分野を仕事にしている人たちにとって，借りたいと思える本が少ない蔵書構成になっている可能性もあります。その結果，その分野の利用は減少し，それを受けて新刊購入も控えられるようになります。悪循環がはじまります。

　そのような悪循環から抜け出すためには，多様性と難易度の確保とともに，学習の一種の到達点となるような本，学習者の「いつか読んでやろう」という知的好奇心を刺激するような選書も必要なのかもしれません。もちろん，そのような手応えのある固い本が過剰にあると，ニーズの実態とかけ離れることになってしまいます。

　けれども，「貸出」に「今すぐ」「たくさんの人に」借りられる意味だけをもたせなくてもよいと思うのです。もちろん，目の前の利用者の要求に応える選書の視点は大切です。それに加えてもうひとつの視点，長期の利用予測に基づいた選書も必要ではないでしょうか。読み応えのある難解な本は，今

すぐ貸出されるものではありません。ただ，そのような到達点となるような本こそ，「いつか読んでやろう」と思わせる知的好奇心を刺激する陳列をし，その「いつか」が多くの人びとにやって来るようなしかけを，棚のいたるところでつくることが，配架の工夫の本領なのかもしれません。

4.3 中小図書館の棚の可能性を広げる専門書

　難易度のバランスをとるためには，もうひとつ，思い切った専門書の選書が考えられます。専門書の中にも，研究書や学術書，実用書など種別はさまざま，研究書，学術書は対象がかなり限定されてしまいますが，実用書になると読者は意外なほど広くなります。専門的分野における実用書の読者対象は，それぞれの分野で仕事をする人びとで，専門職の人たちが日常の現場で使うレベルの本だからです。たとえば，看護や医療，教育，介護の専門職，食品や建設・土木，工場関係の技術者の人たちに向けて書かれ，それぞれの専門分野で日々のスキルを磨きステップアップするための本なのです。そのため，このレベルの本を対象に地域のニーズ予測のもとで選書を重ねると，働く人びとにも役立つ棚構成に近づく可能性を感じます。

　専門書は価格も高く，そもそも，こんな小さな町で利用されるのかという疑問もあり，躊躇するかもしれません。まず，価格はたしかに高価ですが，それでも同じレベルの入門書を2〜3冊購入するところを専門書1冊に厳選すると買えないことはないのです。

　そして，利用されるのかという疑問については，小さな町

4章　リニューアルのあとに見える選書………137

の知的要求を見くびってはならないと，私たちは自戒しなけ
ればならないかもしれません。人口が少ないというだけで，
知的要求の範囲まで小さくなるわけではないのです。ところ
が，小さな町の選書や棚づくりを見ていると，私たち図書館
員のほうが，うちの町のレベルはこれぐらいと，無意識に小
さく見積もってしまうときがあるように思えます。

　愛知川図書館の町域には，大中の工場が多くあり，開館前
から工業系の専門的分野の実用書の選書に力を入れていまし
た。はじめは貸出に出ることもなかったのですが，閉館後に
棚を確認すると乱れており，利用された形跡があります。返
本作業中にそうっと見てみると，長時間立ち読みをしている
人が複数います。それからずいぶん経ってから徐々に借り出
されるようになり，土・日曜になると工業技術系の本を抱え
て借りられる姿が見られ，リクエストも入るようになりまし
た。この立ち読みから貸出にいたるまでのタイムラグの意味
は，今でもわかりません。

　それはさておき，あるとき，工作機械の使い方の本を借り
る方がいました。写真で詳細に解説されたものです。年齢的
にベテランの域にある方だったためか，自分から恥ずかしそ
うにその理由を話してくれたのですが，新人に教えるための
テキストとして使いたいということでした。その後，ニュー
スで中小の工場で職人の世代交代と技術の引継ぎが問題にな
っていることが取り上げられました。このことだったのかと
感心しているうちに，技術者の事業継承を意識して編集され
た本が多く出版されるようになりました。

　愛知川図書館が開館して数年たったころ，看護職のための
専門書のシリーズ「看護のための最新医学講座」（クリニカ

ルコース，全24巻，中山書店）を購入しました。1冊当た
り1万円前後のシリーズは，中小規模の図書館にとっては思
い切った買い物です。けれども，医学についてのレファレン
スが多かったことに加えて，町内に大きな総合病院がないた
め，病気になったときの基礎的な病気の把握，治療の選択の
サポート，セカンドオピニオン的に使えるのではないかとい
う判断で，思い切って選書したのです。

はじめは，ねらいどおり，自分や家族が病気になったとき
の情報収集のため借りられていきました。その後，看護師の
方たちの利用が増えていきました。子育てがひと段落したの
で現場復帰したい，担当科が異動になったなど，現職の複数
の看護師さんが知識のブラッシュアップのために借りていき
ました。まず，町内に大病院がない小さな町に，こんなにも
多くの看護師が在住していたということに驚きました。夜勤
など勤務の関係で日中に図書館を利用されていたため，専業
主婦だと思っていた人たちの中に多くの看護師さんがいたの
です。

このあたりで手応えを感じ，看護関係の専門書を少しずつ
増強していきました。すると，それに反応したのが近隣の市
にある医療福祉系の学生たちでした。この図書館には看護専
門書があると口コミで広まっていたようです。週末には，看
護系の本を目当てに来館し，学習していく人たちが増えてい
きました。この頃から図書館の利用風景が変化したように思
います。読書の楽しみを求めて来館する人たちに加えて，そ
れまで少なかった学びのために図書館利用をする人びとが増
えたのです。

また，小さな町の割には印刷業者が多く，印刷会社に勤務

するデザイナーが図書館を多く利用していました。デザイン関係の専門書は高額ですが，リクエストも多く，印刷会社以外にもウェブデザイナー，デザインを勉強している学生，おしゃれ好きな一般の人からも利用されるので，可能な範囲で選書するようにしていました。

　ある日，印刷会社の社長が図書館を訪れ「図書館ができてからデザイナーが勉強して腕を上げた，それまで下請けの仕事ばかりだったのが大きな仕事もとれるようになった」と伝えて帰られました。デザイナーの人たちは，勤務後，休日，わずかな時間でも来館して本を選び，リクエストし，仕事の参考になる資料を探していました。仕事の必要に迫られてというだけではなく，少しでもよいものをつくりたいという思いが，こちらにも伝わってくる熱心さでした。そのため，この社長のことばは，図書館が会社の業績につながったということだけではなく，自社の社員を誇りに思う気持ちとして受けとめました。

　人口約2万人の小さな町での，専門分野の実用書の利用風景です。愛荘町は大小の工場が誘致されつつも，昔からの豊かな田園地帯や里山が広がるのどかな町です。それでも，その町のニーズに合えば，専門書であってもこのようにごく普通に多くの人に利用されるのです。

　中小規模図書館でも，ある程度の資料費が確保されていれば，このレベルの本は選定されているかと思います。けれども予算が削減され，年々購入できる冊数が減少していく中では，価格の高い専門書の選書はどんどん先送りになりがちです。それでも，専門書，その中でも利用されやすい実用書を揃えるというのは，もしかすると未利用者へのアプローチの

ひとつとなるのではないかと考えるのです。

　リニューアルを企画する段階で，自治体の産業構造，産業別就業人口などから導き出した，住民に利用される棚に対する仮説が立てられています。その仮説を選書にも応用し，この地域で利用が予測される専門的分野の実用書を少しずつ増強させていくことは，今までにない利用の可能性が生まれるような気がします。

4.4 専門書を選ぶために

　それでは専門書は具体的にどう選書したらよいでしょうか？　人文系と違って，たとえば工学系の専門書は著者主体で選ぶことは困難です。著者が信頼のおける書き手であるかということよりも，図書館でそのとき必要とする難易度に合った内容であるかのほうが，選定のポイントとして重要になるからです。

　ところが，工学系の専門書に関しては，現物の本を開いても，読者対象や難易度のレベルを把握することさえ難しいときがあります。ある日，書店で現物の本をチェックしていると衝撃的な文章に出会いました。「初心者の皆さんが理解しやすいよう，できるだけ文章を使わず数式で説明しています」。こちらは，数式は暗号に見えるがちがちの文系で，数式が列挙されると，即，難解なカテゴリーに分類していたのです。「わかりやすいこと」の根本的な認識が違っていることに気づかされました。

　それでも地道に書店通いを続けていくうちに，各出版社の傾向——現場の技術者向けの実用書に強い出版社や，学術書，

4章　リニューアルのあとに見える選書………141

研究書を多く出している出版社など——がわかるようになり，その次には，同じように実用書を多く手がける出版社の中でも，初学者向けの平易な内容に強い出版社，熟練技術者向けの詳細な解説に強い出版社などと，各出版社の得意とする編集方針が感覚的に把握できるようになっていきました。また，叢書ならその対象や編集方針が明確にされていることが多いため，各社のシリーズごとの傾向を知っておくというのも役立ちます。

　このように出版社やシリーズの傾向を把握することは，もちろん工学系以外の分野の選書でも応用できます。たとえば，看護職の専門書で，専門外の人も自宅介護で使えるレベルなら，この出版社の○○シリーズ，薬学の分野なら，あの出版社なら医療現場でも使われていて信頼がおけるというように，判断ができるようになっていきます。

　選書には出版社が重要なキーになるというのは基礎的なことで，今さらという感じがするかもしれません。ただ，各出版社についてどんな分野を多く出版しているかという以上に，もっと詳細な傾向や，対象とする読者層，編集のカラーといったものを理解できるようになるためには，やはりたくさんの現物の本に触れなければ難しいと思います。

　とはいっても，現物の本をチェックするために専門書を幅広く置いている書店に通うには，都市部から離れるほどコストは大きくなります。愛荘町で勤務していたときには，休日を利用して，京都まで片道1時間かけて大型書店に通いました。当時は，その1時間のコストにも参っていましたが，まだまだ恵まれているほうだったと思います。

　地域の書店事情がどんどん悪化する中，強くは主張できま

せんが，やはり選書眼を鍛えるためには現物の本を確認することは欠かせません。インターネットで出版社のホームページに当たると，目次や本文の一部まで閲覧できる場合もあります。それでも，実際の書店，できれば信頼のおける棚をもつ大型書店に通うことの意義は，本の現物に触れることに加えて，自館のフロアよりも，大きなフロアとストックを感覚的に把握できるようになるためです（もちろん，そのストックが出版流通とイコールではないことも承知していなければなりませんが）。

とりわけ，開架面積が小さな図書館の選書をするとき，自館のフロアバランスだけに集中すると，ますます狭く小さくなりがちです。バックグラウンドに大きなフロアや，各ジャンルのボリューム，ロングセラーのタイトルを具体的にイメージできると，小さなフロアのコレクションを構築するときでも，いろいろな選択肢をもつことができるのだと思います。

4.5 リニューアルはここからはじまる

リニューアルは自館の蔵書を魅力的に見せるためにスタートします。けれども，その過程で蔵書の不足している部分のほうがより顕著に見えてしまうこともあるのです。その「不足」は，誰にでも見える明らかなものではないかもしれません。リニューアルで真剣に棚に向き合った結果，今までよりも蔵書の細部にまで理解が届き，気がつくようになった不足だからです。一方で，その棚に向き合った経験から，蔵書の不足を埋めて人びとに役立つ棚をつくるには，どのようなジャンルや難易度のものを選べばよいのか，リニューアル前よ

4章　リニューアルのあとに見える選書·········143

りもより具体的にわかるようになっていると思います。

　配架や陳列，サインの工夫はまだまだ前哨戦，真のリニューーアル作戦は，その後の選書に取り組んでからスタートするのかもしれません。

注
1)　編集部編「『出版年鑑 2016』にみる書籍，雑誌，出版社　日本の出版統計」『出版ニュース』2016.6 中旬号，出版ニュース社

おわりにかえて

　この文章の一部は,「魅力的な棚づくり－利用者に分かりやす
く探しやすい配架の研究」という研究成果がベースになっていま
す。

　2002年,滋賀県の図書館6館の図書館員7名が集まり,「日本
図書館協会・滋賀支部の集い」の研究活動助成制度に応募,自分
たちの実践をベースに配架の工夫について調査研究しました。そ
の結果を2003年に事例発表し,『図書館雑誌』(「特集：図書館の
排架とサイン計画」2005年3月)にその詳細が掲載されました。

　要旨としては,配架の工夫は「貸出」の技術として重要である
と認識したうえで,NDC順に配列することで起こる不具合や配
架の工夫の実践事例を紹介し,「魅力的な棚づくり」のためには,
自館の資料をいかに見せるかというある種の「編集作業」が必要
であると結論づけています。文中には,「発表以後も研究を継続
中で,『分かりやすい見出し語』について比較検討している」と
ありますが,こちらは,当時の滋賀県で集中した市町村合併前後
の忙しさの中で,残念なことに頓挫してしまいました。

　あれから14年,再び「配架」「サイン」の文献検索したところ,
前回の調査時と文献量にそれほど変化がないことに驚きました。
特に「サイン」については,学校図書館や児童室の実践例の報告
はあるのですが,それ以外の「サイン」については施設案内のサ
インの報告がわずかにあるばかりです。

　各図書館現場で,配架の新たな実践がなかったというわけでは

ないと思います。ただ，配架の工夫は，図書館建築の構造やデザイン，棚の配置や面積といった物理的な側面に影響される面も大きいということ，また新規オープンする図書館でないかぎり応用は困難という意識もあって，発表される機会が少なかったのではないかと思います。

　サインにいたっては，今も NDC の相関索引や BSH の件名語をそのまま使用する場合が多く，それではカバーできない部分について独自にサインをつくってはいても，担当職員個人の「ちょっとした工夫」で，館を越えて共有し深めあうようなテーマではないという認識だったかもしれません。

　けれども，フロア全体でサインを工夫した棚を見るとその印象は変わります。今，この原稿を書いている瀬戸内市民図書館でも，独自のサインがつくられています。新図書館の建設計画が立ち上がる以前から，瀬戸内市の図書館を支えてきた司書さんが中心になって，新図書館と市民をつなげるツールとしてサインを発想し，開館後も利用と蔵書の状況を観察して，日々増強されています。

　たとえば，生涯学習は「大人になっても学ぼう」，人生訓は「前向きに考えよう」，障碍児教育は「支援の必要な子どもの育ち」，孫育ては「孫と関わる素敵な時間」と，棚と利用者の関係を寄り添うような表現になっています。もれ聞くところによると，視察に訪れる図書館員の中でも，このサインに注目する人がとても多いとのことです。それは，ことばの選択の豊かさに対する関心はもちろんのこと，サインはもっと自由につくってよいということ自体への気づきなのだと思います。

　配架の工夫もサインも貸出の技術です。「わかりやすく探しやすい」配架の工夫のめざすところは，探している本がすぐに見つかるということを越えて，知的好奇心を刺激し，探している本以

上のものと出会える棚，さらには，そのまま棚に差していただけ
では手に取られないような本が読者を得て，貸し出されるような
しかけをつくることです。そしてサインは主題を表現しながら，
人びとを呼び止めて語りかけ，問題を提起し，共感を引き出し，
笑いを誘い，棚と利用者の距離を詰めるサポートをします。サイ
ンも配架の工夫も貸出の技術として認識され，さまざまな図書館
で実践され共有されると，より深化して面白くなると考えていま
す。

　この本を著すにあたり，愛荘町立図書館の歴代すべての職員の
みなさまにお世話になりました。資料の提供や写真撮影といった
直接的なサポートはもちろん，間接的には当時のあれこれを思い
返しつつ，脳内でみんなと会話しながら執筆を進めさせていただ
きました。とはいっても，もし事実と異なる点がありましたら，
その責任はすべて私にあります。

　また，瀬戸内市民図書館には，各種資料とともに，快適に集中
できる環境も利用させていただきました。図書館のオープン前に
は，連日配架ボランティアに通っていましたが，9割くらいはこ
の執筆のため，司書のカンを取り戻すために手伝っていたことを
白状しておきます。

　そのほかご協力いただいたすべてのみなさまに感謝を申し上げ
結びにさせていただきます。

　2017 年 4 月

　　　　　　　　　　　　　　　　　　　　　　中川　卓美

参考文献

(1)　日本図書館協会分類委員会改訂編集『日本十進分類法』新訂
9版　日本図書館協会　1995

(2)　日本図書館協会分類委員会改訂編集『日本十進分類法』　新訂
10版　日本図書館協会　2015

(3)　國松恵子・斉藤民男・西尾恵一・西澤和江・嶋田卓美・江竜香織・
嶋田学「魅力的な棚づくり－利用者に分かりやすく探しやすい
配架の研究」『図書館雑誌』2005.3　vol.99　no.3　p.165-169

(4)　日本図書館協会図書館調査事業委員会編『日本の図書館
2009』日本図書館協会　2010

(5)　嶋田学「アグレッシブな配架の研究－思わず手が出る棚づく
りとディスプレイ」『図書館評論』2004.7　p.41-50

(6)　もりきよし編『NDC入門』日本図書館協会　1982（図書館員
選書2）

(7)　金中利和「日本十進分類法新訂第10版の作成について－JLA
分類委員会の改訂方針」『図書館雑誌』2004.4　vol.98　no.4
p.218-219

(8)　那須雅煕「『日本十進分類法（NDC）新訂10版』の刊行によせて」
『図書館雑誌』2015.2.　vol.109　no.2　p.96-97

(9)　髙橋良平「『日本十進分類法』新訂10版の概要」『カレントア
ウェアネス』2015.6　no.324　p.11-14

(10)　瀬戸内市民図書館もみわ広場ホームページ
http://lib.city.setouchi.lg.jp/

(11)　石井保志『闘病記文庫入門－医療情報資源としての闘病記
の提供方法』日本図書館協会　2011（JLA図書館実践シリーズ
17）

(12)　石井保志「健康・医療情報サービスを課題解決型サービスと
位置づけることへの違和感」『みんなの図書館』2011.9　no.413

p.40-44

(13) 東近江市立能登川図書館「地域とともに－健康情報コーナー『バオバブ』への取り組み」『みんなの図書館』2010.5　no.397　p.7-13

(14) 豊田高広「アグレッシブなサービスには，アグレッシブな配架が必要だ。」『図書館雑誌』2005.3．vol.99　no.3　p.156-157

(15) 赤木かん子『読書力アップ！学校図書館のつくり方』光村図書出版　2010

(16) 誠文堂新光社編『11人のプロフェッショナルの仕事から伝える広告コピーの教科書』誠文堂新光社　2015

(17) 『大辞泉　第二版　上巻』小学館　2012

(18) 『LGBTってなんだろう？　からだの性・こころの性・好きになる性』合同出版　2014

(19) 越野好文・志野靖史『好きになる精神医学　第2版』講談社　2014

(20) 一般社団法人日本神経学会ホームページ
http://www.neurology-jp.org/

(21) JLA分類委員会「日本十進分類法第10版試案の概要－その8『自然科学』の部－」『図書館雑誌』2013.1　vol.107　no.1　p.40-43

資料編

当時使用していた愛荘町立愛知川図書館の別置（資料1）とコーナー（資料2）の一覧表です。資料1以外にも，植物・農業・園芸，動物とペット，乗物と交通といった4類，5類と6類の近接も別置として扱っていました（p.14 表1-2 参照）。なお，秦荘図書館は，開架面積上，これよりもシンプルにしていました。

資料1　別置一覧（愛知川図書館）

別置名	NDC
パソコン	007.3（情報と社会）　007.58（情報検索） 007.6（データ処理）　547.48（データ通信） 548（情報工学）　582.33（ワープロソフト） 694.6（モバイル，携帯電話）　各種ソフトウェア
福　祉	364（社会保障）　367.7（老人問題） 369（福祉全般）　378（障害児教育） 493.75（若年性をのぞく認知症）
マスコミ	070（ジャーナリズム・新聞） 361.453（マスコミュニケーション　マスメディア） 699（放送事業）
世界の国々	290〜299（地理）と302（政治・経済・文化事情）をまとめて国別に配架

資料2　コーナー一覧（愛知川図書館）

別置名	NDC
子育て と教育	367.6（児童青少年問題）369.4（児童福祉）の一部 370〜377（教育）379.9（家庭教育） 493.9（専門書をのぞく小児科学）148.3（名づけ） 598.2（妊娠・出産）599（育児）
くらし	365（生活・消費者問題）385（冠婚葬祭） 58△（雑貨）の一部　590〜597（家政学） 809.4（あいさつ・スピーチ） 816.6（手紙の書き方）など
環境	517（河川）の一部　518.5（ごみ　リサイクル） 451.85（気候変動）の一部 454.64（砂漠）の一部 519（公害・環境工学）654（森林保護）など
戦争	319.8（戦争と平和）559（兵器）の一部 2△（各国史），210.7（昭和史），916（戦記）の一部
人権	316.1（基本的人権）316.8（民族・人種問題） 361.86（同和問題）など
まちづくり	318（地方自治・地方行政） 379（家庭教育をのぞく社会教育） 518.8（都市計画・防災計画）の一部ほか
ビジネス	335〜336（経営）366（労働問題） 67△（商業）など

資料3　一般室サイン一覧（秦荘図書館）

側板見出し	連見出し	差し込みサイン
スピーチ・手紙　料理　手しごと　くらし　冠婚葬祭	スピーチ・手紙・冠婚葬祭	・かしこい消費者 ・お金もエコも節約生活 ・知ってるつもりで知らないマナー ・冠婚葬祭 ・ラッピング ・手紙で気持ちを伝える ・スピーチを頼まれたら ・ウェディング ・今日は何の日？
	きれいなくらし	・きれいになるために ・家の時間を楽しむ ・楽する家事 ・ピカピカのおうち ・収納の達人 ・インテリア
	ぬったり，あんだり	・刺しゅう ・ビーズ手芸　アクセサリー ・パッチワーク ・ぬいぐるみ　マスコット ・こどものバッグと小もの ・私が使いたいバッグ ・いろんな素材でつくる手芸 ・昔の服が生まれ変わった。 ・リサイクル手芸 ・和の小ものをつくる ・手まりを作りたい ・布でつくる日常品 ・布ぞうり　ルームシューズ

	あんだり，ぬったり	・お裁縫のキホン
		・赤ちゃん服とこもの
		・子どもの服をつくる
		・大人の服をつくる
		・セーターを編んで
		・レース編み
		・手編みのこもの
		・和服を着てみる
	お料理すること，食べること	・かんたん料理
		・便利な調理器具
		・毎日のこんだて
		・節約したいときの料理
		・肉・魚・卵を使って
		・野菜いっぱいの料理
		・豆と豆腐料理
		・ほっこりスープ
		・「たれ」をひと工夫
		・ご飯もの　うどん　そば
		・漬けもの　保存食
		・梅干し　梅酒　梅料理
		・外国の料理
		・和食をマスターする
		・鍋奉行になる
		・あこがれの料理研究家
		・家で居酒屋気分
		・健康に気をつけたい
		・ジュースもジャムも家で作る
		・アウトドア料理
		・男子，厨房に入る
		・おもてなし料理
		・毎日のお弁当

資料編·········153

		・パンづくりに挑戦
		・お菓子だいすき
		・お茶でほっこり
		・子どもと食事
農業　園芸 旅行	がんばる農 業	・がんばる農業
		・おいしいコメづくり
		・果物のつくりかた
	自分でつく る野菜はう まい	・土づくり
		・農薬と自然農法
		・野菜づくりのコツ
		・そだててあそぶ果物
		・そだててあそぶ野菜
		・庭木の手入れ
	緑のなかで 暮らす	・花と暮らす
		・そだててあそぶ花
		・観葉植物　山野草
		・ガーデニング
		・ハーブの育てかた
		・盆栽は楽しい
		・森林を守る
	生け花　茶 道	・香道
		・花を飾る　ドライフラワー
		・茶道
		・日本の庭園　造園
	さあ，旅に でよう！	・滋賀をあそぶ
		・そうだ京都へ行こう
		・近畿のガイド
		・たまには，大阪でも。
		・あこがれの神戸
		・名古屋にも行く
		・中部・東海（静岡・愛知・三重）

			・中部・東山（山梨・長野・岐阜）
			・中国（鳥取・島根・岡山・広島・山口）
			・四国（徳島・香川・愛媛・高知）
			・九州（福岡・佐賀・長崎・熊本・大分・宮崎・鹿児島）
			・沖縄に行きたい
			・北海道
			・東北（青森・岩手・宮城・秋田・山形・福島）
			・東京へ行ったら
			・関東（茨城・栃木・群馬・埼玉・千葉・神奈川）
			・北陸（新潟・富山・石川・福井）
			・温泉でほっこり
			・旅館　宿泊情報
			・アウトドア・ガイド
			・そこに山があるから
			・テーマで旅する
			・道路地図
		さあ，外国に出かけよう	・地図が読めたら…
			・海外旅行の達人
			・アジアへの旅行ガイド
			・ヨーロッパの旅行ガイド
			・南北アメリカの旅行ガイド
			・ハワイ・グアム・オーストラリア
			・アフリカ・中近東の旅行
自然　いきもの　環境		環境を考えて暮らす	・ゴミの問題　リサイクル
			・環境問題（かんきょう）
			・地球温暖化
			・生物多様性がわかる
			・ペットの飼いかた

資料編………155

		・動物とかかわる仕事
	ペットと暮らす	・魚（さかな）
		・カメ　ヘビ　トカゲのなかま
		・昆虫　むし
		・鳥（とり）
	昆虫　鳥ほ乳類	・ほにゅう類（いぬ　さる　クジラ）
		・動物について（どうぶつ）
		・サンゴ　クラゲ　ミミズ
		・イカ　タコ　貝
		・エビ　カニ　クモ　サソリ　ダニ
		・カタツムリ　ヤドカリ　ザリガニ
	植物と動物恐竜　鉱物	・植物について（しょくぶつ）
		・山菜　きのこ
		・炭焼き（木炭　竹炭　木酢液）
		・塩のはなし
		・鉱物　岩石（こうぶつ　いし）
	生物と進化	・生物とはなにか
		・微生物（かび　細菌　ウィルス）
		・生きものの進化
		・恐竜（きょうりゅう）化石
	宇宙　天気地震	・宇宙　星（うちゅう　ほし）
		・天気と気象（てんき）
		・地震　地層（じしん）
日本の歴史	日本の歴史	・日本の歴史をながめる
	原始から古代	・原始時代（旧石器・縄文・弥生）
		・古代（大和・奈良・平安）
	中世・戦国時代	・中世（鎌倉・室町・戦国・安土桃山）
	江戸の暮らし	・江戸に暮らす
		・幕末の日本
	明治・大正・昭和	・明治・大正の時代
		・昭和（戦前から戦中）

	日本の歴史	・昭和（戦後から現在）
		・地方に伝わる歴史
	人びとが生きた歴史	・人の生きかた　伝記
世界のくにぐに　戦争と平和	平和をあきらめない	・戦争と平和
		・戦争の記憶
	世界の地理と歴史	・世界を旅する本
		・世界史のみかた
		・いのちの世界史
		・アジアを旅する
		・韓国・朝鮮の歴史と地理
		・中国の歴史と地理
		・東南アジア（ベトナム・タイ・インドネシア）
		・インドの歴史と地理
		・中近東（アフガニスタン・イラン・イラク・イスラエル）
		・ヨーロッパを旅する本
		・イギリスの歴史と地理
		・ドイツの歴史と地理
		・フランスの歴史と地理
		・スペインの歴史と地理
		・イタリアの歴史と地理
		・中欧（スイス・ハンガリー・チェコ・ポーランド）
		・東欧（ルーマニア・ブルガリア・クロアチア・ボスニア）
		・ロシアの歴史と地理
		・北欧（フィンランド・ノルウェー・デンマーク）
		・エジプトの歴史と地理

		・アフリカの歴史と地理
		・アメリカの歴史と地理
		・カナダの歴史と地理
		・中南米（メキシコ・ブラジル・ペルー）
		・オーストラリア・ニュージーランド・
		ハワイ・南極・北極
民俗学　宗	心を旅す	・学問のススメ
教　神話	る・哲学	・哲学
心理学　哲		・東洋思想
学	心を旅す	・心理学
	る・心理学	・超常現象は本当にあるのか
		・占い
	心を旅す	・道徳　倫理
	る・神話	・日本の神話　世界の神話
		・イスラム教　その他
		・新宗教
		・神道　神社
	心を旅す	・仏教
	る・仏教	
	心を旅す	・キリスト教
	る・宗教	
	暮らしの歴	・くらしの歴史
	史・民俗学	
	お祭り・民	・年中行事　お祭り
	話・わらべ	・民話　むかし話
	唄	・文化人類学
ことば　法	政治につい	・社会のことを考えた
律　政治	て	・社会思想
		・政治について
	地方自治	・行政　省庁のしくみ
		・地方自治

158

	外交問題	・国と国との関係
	軍事	・国防と軍事
	法律	・くらしの法律
		・憲法
		・行政法
		・成年後見
		・民法
		・契約について
		・家族法（婚姻　相続　遺言）
		・土地にまつわる法律
		・会社法　商法
		・刑法
		・罪と罰
		・司法の現場
		・訴訟の手続き
		・わたしたちの裁判
		・少年法
		・国際法　国際連合
	外国語を学ぶ	・外国のことばを学ぶ
	日本語を学ぶ	・日本のことばを知る
	ことばの辞典	
パソコン　車・バイク　資格　ビジネス　株・金融　経済	経済ってなんだ	・経済学
		・グローバリズムってなに？
		・会社の経営
	会社のなかの仕事	・経営管理
		・NPO の挑戦
		・仕事のダンドリ
		・職場での人間関係

資料編‥‥‥‥159

		・ビジネスマナー
		・ビジネス文書
	働くということ	・働く人を守る法律
		・就職するとき　辞めるとき
		・こんな仕事につきたい！
	経理　サービス業	・簿記　経理
		・商業　販売　サービス業
		・広告　マーケティング
		・貿易実務
		・統計資料
	金融　株税金　年金	・確定申告
		・税金
		・「お金」について
		・金融　株式投資
		・年金はどうなるのか
		・保険
	車　バイク電車	・交通のルール
		・自動車の運転
		・車　オートバイ
		・電車がすきです。
		・飛行機も。
	パソコンインターネット	・コンピュータのある社会
		・はじめてのパソコン
		・「パソコンの困った」を解決
		・パソコンで文章作成
		・表やグラフをつくる
		・インターネットとメール
		・ホームページをつくろう
		・便利なソフト
		・プログラム言語
		・パソコンをつなぐ

		・パソコンにつなげる機器
		・デジタルカメラ
		・パソコンでつくる
数学　化学 物理　土木 工場　建築 機械	科学は楽しい	・科学エッセイ
	数学　物理 化学	・数学　さんすう
		・物理
		・化学
	職人力をつける	・工業の基礎
		・特許　意匠　商標
		・工場を強くする。
	土木　河川	・土木　測量
		・水処理技術　水の環境は「環境コーナー」にあります
		・河川　ダム
	家を建てる	・建築
		・家を建てる
		・家のリフォーム
		・エクステリア
		・建築設備　給水・配管など
	機械　電気	・機械
		・電気と電気機器
		・「原発」を考える
		・通信技術
	電子・化学 工業・製造 業	・電子回路
		・電子工学　半導体
		・金属（金型　熱処理　溶接　プレス加工)
		・石油　ガス
		・化学工業　塗装　香料　ゴム　プラスチックなど
		・危険物取扱い

資料編········ 161

			・いろいろな製造業
			・日曜大工
			・単位
教育 人権 学	保育 社会	社会のことを考えてみた	・社会学
			・人と人との関係
			・ネットとリアル
			・メディアのチカラ
			・文化論
			・社会のことを調べたい
			・格差ある社会
			・働くことは生きること
			・「貧困」とたたかう
			・犯罪の背景
			・防犯生活術
		家族の中で生きる	・女性問題
			・「男性」を考えてみる
			・結婚する？しない？
			・家族の問題
			・子どもめぐる問題
			・老後を幸福に暮らすために
		人が生きる権利	・生きることの権利
			・民族の壁をこえて
			・部落差別をなくす
		教育ってなんだ	・教育ってなんだ
			・こどもを理解する心理学
			・学校現場のカウンセリング
			・いじめ問題
			・不登校　ひきこもり
			・ネット時代のこどもたち
			・教育の歴史
			・外国籍の子どもたちへ

	学校教育と子ども	・学校を活かす
		・教師力をみがく
		・学校行事
		・保護者との関係をきずく
		・PTA の活動
		・学校での食育
		・いのちの教育
		・学習指導　学力づくり
		・いきいき学校図書館
		・教科書
		・総合学習の授業をつくる
		・社会と生活科
		・道徳教育
		・算数科
		・理科授業　科学教育
		・保健・体育の授業
		・技術　家庭科
		・キャリア教育
		・音楽科
		・図画工作科　美術教育
		・国語科
		・外国語活動
		・中学校ってどんなところ？
		・高校生って？
		・受験だ…！
		・大学で学ぶこと
		・留学　ホームステイ
	子どもを支える保育	・てあそび　わらべうた
		・壁面かざり
		・つくってあそぼう
		・こどもが描く絵

資料編………163

		・保育に生かすあそび
		・音楽であそぶ
		・おたより　スピーチ
		・乳幼児保育
		・乳幼児の心　発達心理学
		・こどものことばを育む
		・保護者への支援
		・学童保育
	生涯学習 社会教育	・生涯学習　社会教育
芸術	芸術ってな んだ？	・芸術ってなんだ
		・彫刻のこころ
		・日本の絵画
		・西洋美術の歴史
	絵を描こう	・絵を描くときの基礎
		・水彩で描く
		・油絵に挑戦
		・いろいろな画材
		・日本画と水墨画
		・絵手紙を描いてみる
		・イラストのコツ
		・デッサン
		・鉛筆で描こう
	書をきわめ る	・表装　掛け軸を作る
		・はんこを彫る
		・書をきわめる
		・版画を彫る
	デザインの 本	・日本の文様　世界の文様
		・印刷のしくみ
		・デザインの本
		・色の名前　配色デザイン

	音楽のない 人生なんて	・音楽の歴史
		・オペラ
		・演奏をはじめるためのキホン
		・自分の曲をつくる
		・クラシック音楽
		・民族音楽
		・楽器に挑戦
		・オーケストラ　合奏
		・日本の歌謡曲
		・なつかしい童謡　唱歌　名歌
		・日本の国歌　世界の国歌
		・まだまだ歌はうまくなる
		・ギター・ウクレレの楽譜
		・バンドしようよ
		・音楽のない人生なんて
		・邦楽（三味線　謡曲など）
		・合唱のための楽譜
		・思い出の歌謡曲
		・こどものうた
		・ピアノ楽譜
	能　狂言 日本舞踊	・日本舞踊
		・バレエ
		・舞台をつくる
		・狂言につれて行って
	歌舞伎　落 語　演芸	・歌舞伎にまいります
		・読んで楽しむ落語
		・文楽の裏おもて
		・いろいろな演芸
	仏像をみる 仏像を彫る	・仏像をみる　仏像を彫る
	染と織	・織りを楽しむ

資料編………165

		・染色の知識　草木染め
	近江上布・麻の本	・麻の本
	本で見る美術(日本画)	・画集（日本画）
	本で見る美術(西洋画)	・画集（洋画）
	手仕事　伝統工芸	・手仕事　伝統工芸
		・うるしの工芸
		・趣味の日本刀
	趣味はやきもの	・陶芸
	ガラス工芸	・七宝焼
	骨董をさがして	・骨董をさがして
		・自分でつくるジュエリー
	プロのように撮る写真	・プロのように撮るカメラ術
	写真集	・写真集
スポーツあそび　工作	大人も読む絵本	・本と本屋さんのこと
		・大人も読む絵本
		・絵本づくり
	マンガを描こう	・マンガを描きたい
		・自分の本をつくる
		・トールペインティング
		・押し花の手芸
		・ねんどでつくろう
	おりがみ上級者	・切り絵と切り紙
		・ちぎり絵とはり絵
		・おりがみ上級者
	あんな工作こんな工作	・ダンボール工作
		・プレゼント・カード
		・紙でつくる工作

		・スタンプをつくろう
		・革でつくる手芸
		・かごを編んで
		・いろいろな工作にチャレンジ
		・自然のもので作る工作
	おもちゃ	・人形
		・ドールハウス
		・なつかしいおもちゃ
		・模型　プラモデル
	イラストカット集	・イラストカット集
	読んで強くなるスポーツ	・スポーツがうまくなる
		・陸上・体操
		・マラソン　ウォーキング
		・バレーボール
		・バスケットボール
		・テニス
		・卓球　バドミントン
		・野球・ソフトボール
		・サッカー　ラグビー
		・ゴルフ
		・ボウリング　ゲートボール
		・スキー　スノーボード
		・水泳・サーフィン
		・釣り
		・相撲・レスリング
		・柔道・空手
		・剣道
		・そのほかの武道
		・社交ダンス　フォークダンス

	クイズ　手品　あそび	・将棋・チェス
		・囲碁
		・手品　マジック
		・いろいろなゲーム　あそび
マンガ	感動するマンガ	・マンガについて語ろう
	雑学は知識だ	・雑学は知識だ
福祉　介護　手話	福祉を学ぶ	・福祉について
		・福祉の仕事につきたい
		・高齢者の福祉
		・介護する人を支える
		・おいしい介護食
		・おしゃれな介護服
		・介護保険
	高齢者と介護	・介護技術をきわめる
		・リハビリとレクリエーション
	障害のある人をささえる	・障がい者福祉
		・子ども福祉
		・子育てしやすい社会
		・いっしょに考える子ども虐待
	生活保護　ボランティア	・生活保護
		・ボランティアをはじめよう
	子どもたちを守る福祉	・困っている子どもへの教育
		・自閉症
		・アスペルガー
	手で話そう	・ダウン症
		・てんかん
		・手で話そう
		・点字を学ぼう
		・障がいを助ける犬たち

資料4 健康情報コーナー「ほすぴたな」サイン一覧（秦荘図書館）

　健康情報コーナー「ほすぴたな」では，「健康情報棚プロジェクト」が作成した闘病記の病名分類を基本に差し込みサインをつくり，病名の見出し語のもとに医学情報も闘病記も混配していました。ただ，この方法だと，闘病記の書かれない一般的な病気については，独自にサインを考える必要があります。

　下記の資料では，その独自に作成したサインの一部を例として掲載しました。「闘病記」のない病名については，①所蔵点数の多い病名なら，その病名サインを作成，②所蔵点数が少ない病名は部位別のサイン（「胃」「大腸／小腸」など）のもとに配架，③所蔵資料の書名が，病名よりも部位別の表現が多いときも（「気になる胃の症状」など）も部位別のサインで対応，という基準で差し込みサインを作成しました。

　全般的な医学，くすりや栄養学，健康法，また，アレルギーに関する情報などは NDC 分類で配架しサイン化しています。

側板見出し	連見出し	差し込みサイン
医学　アレルギー	アレルギーに負けない！	・アレルギーについて知ろう
		・食物アレルギー
		・アレルギーの安心レシピ
		・アトピー性皮膚炎
		・アレルギー性鼻炎　花粉症
		・ぜんそく
	からだのしくみ	・医療倫理
		・大事な人との別れ
		・からだのしくみ

資料編………169

		・脳のしくみ
		・代替医療　ホメオパシー
		・感染症
		・インフルエンザとかぜ
		・免疫学
		・病院の検査
	基礎看護技術	・看護技術をみがく
子どもと健康	子どもの病気と健康	・子どもと病気
		・小児医学
		・トゥレット症候群チック
		・子どもの精神医学
	子どもが知る命とからだ	・「いのち」ってなあに
		・おじいちゃん　だいすき　おばあちゃん　だいすき
		・からだってスゴイ！
		・健康をまもる
闘病記と医療情報	心の健康と闘病記	・心の健康と闘病記
		・精神医学
		・メンタルヘルス
		・眠りたいけど眠れない
		・依存する心
	各病気の治療と闘病記	・生活習慣病
		・メタボリックシンドローム
		・動脈硬化
		・高脂血症
		・コレステロール／中性脂肪
		・血糖値
		・血液
		・高血圧
		・貧血

		・下肢静脈瘤
		・リンパ浮腫
		・冷え性
		・慢性閉塞性肺疾患 COPD
		・睡眠時無呼吸症候群
		・便秘と下痢
		・大腸／小腸
		・胃
		・消化性潰瘍
		・肝臓
		・腎臓
		・胆のう
		・胆石
		・甲状腺
		・すい臓
		・慢性膵炎
		・通風／高尿酸血症
		・骨粗しょう症
		・帯状疱疹
		・髪の悩み
		・皮膚
		・泌尿器
		・膀胱炎
		・尿路結石
		・頻尿／尿失禁
		・肩ひざ腰の痛み
		・外反母趾
		・変形性膝関節症
		・目の健康
		・白内障／緑内障

		・疲れ目／視力減退
		・色弱／色覚問題
		・耳と聞こえ
		・耳鳴り
		・鼻の健康
		・めまい
		・歯の健康
		・歯周病
		・女性の病気
		・悩ましい生理
		・更年期障害
		・出産までの治療
くすり　健康法	医療の現場では…	・医療の現場
		・法医学
	マンガでわかる医療の現場	・マンガでわかる医療の現場
		・医学エッセイ
	試してみる？健康法	・試してみる？健康法
		・ヨガ　健康体操
		・今度こそ禁煙
		・ツボ　はり　アロマテラピー
		・食べて元気になる
	くすりの知識　漢方	・栄養学
		・食育は大事
		・くすりの知識
		・東洋医学　漢方
		・安全に食べる

事項索引

■数字・アルファベット順

10版 ·····················9, 85, 117
LGBT ··························· 83-85
YA コーナー ·············32, 49, 97
　−サイン ··············49, 61, 91, 92-96

■五十音順

【あ行】

愛荘町（滋賀県）
　··················iv , vi , 37-38, 140
愛荘町立愛知川図書館
　········vi , 2, 28, 44, 138-140, 150-151
愛荘町立秦荘図書館
　−プロフィール ···················iv , vi , 2
医学（49）　→健康情報コーナー
　−サイン ·····40-42, 114-117, 169-172
生き方情報　→生活情報
運輸工学（53）·········13, 14, 101, 160
えちはたな　→地域資料コーナー
園芸（62）·············8, 11-14, 47, 154
を見よ参照 ·····························17
をも見よサイン ·····················33, 34-35

【か行】

化学（43）·····················29, 76, 161
家政学（59）
　··6, 21, 37, 48, 70-75 , 151, 152-154
課題解決型図書館 ························ 3
環境コーナー ············21-22, 151, 155
観点分類法 ·····················16
教育（37）
　···16-17, 23-24 , 28-29, 33, 150, 151
　−サイン
　　······78-80, 113, 146, 162-164, 168
軍事（39）·····················7, 29, 159
経営（335・336）　→ビジネスコーナー
経済（33）·····················76-77, 159
芸術（7）
　······ 28, 32, 48, 93-96, 135, 164-168
言語（8）·····························159
健康情報コーナー
　···················· 36, 38-44, 169-172
健康情報棚プロジェクト
　····················38-39, 42, 169
工業 / 工学（50）·········29, 45-46, 48,
　138, 141-142, 161-162
広告コピー ····························67
交通（68）·············13, 14, 101, 160
子育て

事項索引·········173

………… 23-24, 27, 28, 33, 79-81, 151
ことことことな …………………………49
　→：YAコーナー
子どもの本のコーナー　→児童室

【さ行】

差し込みサイン ………………… 63-64
滋賀支部の集い（日本図書館協会）
………………………………………145
静岡市立御幸町図書館 ……… 45-46
児童室 …………………6, 27, 37, 46-49
児童・青少年問題（367.6）
………………………………24, 151, 162
社会思想（309）………………29, 158
社会心理学（361.4）
……………………… 19, 111-113, 162
社会病理（368）…………82-83, 162
ジャンルの多様性
……106-107, 109, 118, 131, 135-136
宗教（16～19）……………28, 32, 158
障害児教育（378）
…………… 16-17, 28, 146, 150, 168
商業（67）　→ビジネスコーナー
書架分類 ……………………………9-11
植物（47）…………… 8, 11-14, 47, 156
書誌分類…………………………10-11
書店と選書 …………………141-143
新刊の部門別点数（2015）………135
人権 …………………………88, 151, 162
人生訓（159）…………………23, 146
心理学（14）…………28-29, 33, 158

水産業（66）
………………12, 13, 14, 15, 155-156
数学（41）……………… 29, 76-77, 161
スピン ………………………………62
生活情報………………………39-41, 43
　→：闘病記
請求記号の桁数
………… 47, 110-115, 118-120
政治（31）……………………29, 77, 158
政治・経済・社会・文化事情（302）
…………… 28, 48, 150, 157-158
瀬戸内市民図書館
…………32-35, 51, 61, 146, 147
－写真 ……… 35, 51-59, 65, 72, 74
戦争コーナー …24, 28, 85-86, 151, 157
専門的分野の実用書とは …………137
側板見出し ……………………… 64-65

【た行】

棚を編集する ………………25, 97, 145
棚と人の関係 ………………77-81, 87
棚に対する責任 ……………131-133
地域医療 ……………………………42
地域資料コーナー……………37-38, 44
畜産（64）
………………12, 13, 14, 46-47, 155-156
地方自治（318）……………151, 158
チャダルトガレージ ………………32, 61
　→：瀬戸内市民図書館
地理（29）
…13, 28, 48, 150, 154-155, 157-158

テーマ展示　→特集展示

哲学（10〜13）………… 28-29, 32, 158

デューイ十進分類法 ………………… 9

伝記（28）……………… 75-76, 157

闘病記 …………39-41, 42, 43, 44, 169

闘病記文庫 …………………………… 39

闘病記文庫棚作成ガイドライン

　………………………………… 39, 42

動物（48）

　……………… 12, 13, 14, 46-47, 155-156

特集展示 ………………… 21, 56, 98

【な行】

日本十進分類法新訂 10 版　→ 10 版

農業（61）…… 12, 13, 14, 15, 64, 154

【は行】

バオバブ　→東近江市立能登川図書館

パソコン / インターネット

　……………… 8, 14, 15, 150, 160-161

東近江市立永源寺図書館 ………… 62

東近江市立能登川図書館 ………… 42

ビジネスコーナー

　……… 13, 14, 22-23, 29, 45-46, 151

　−サイン ……………… 88-92, 159-160

病名分類 …… 39, 41, 115-117, 169-172

福祉（369）…… 16-17, 19-20, 24, 28,

　33, 42, 150, 151, 168

プライバシー ……………………… 30

ブラウジング

　……… 18, 25, 32-34, 66, 69, 114

フロア環境 ………………………… 27

文学（9）………… 5-6, 105-108, 135

法律（32）………… 76, 119-120, 159

ほすぴたな　→健康情報コーナー

【ま行】

マスメディア

　………8, 13, 14, 18-19, 111, 150, 162

未利用者 …………… 126, 130, 131, 140

民俗学（38）…………… 7, 28, 48, 158

もみわ広場　→瀬戸内市民図書館

【ら行】

林業（65）………… 13, 14, 15, 22, 154

歴史（20〜27）

　………… 28, 48, 75, 113-114, 156-158

連見出し ……………………… 63-65

老人問題（367.7）……… 20, 150, 162

●著者紹介

中川　卓美 （なかがわ　たくみ）

1968年　大阪府に生まれる
1992年　関西学院大学社会学部（社会心理学専攻）卒業
1993年　桃山学院大学司書講習終了
同　年　大阪府豊中市立図書館に就職
1999年〜2011年
　　　　滋賀県愛知川町図書館開設準備室を経て愛知川町立図書館,
　　　　合併後の愛荘町にて愛知川図書館・秦荘図書館で勤務
2011年　退職
連絡先：sarutakumi@yahoo.co.jp

| 視覚障害者その他活字のままではこの本を利用できない人のために，日本図書館協会及び著者に届け出る事を条件に音声訳（録音図書）及び拡大写本，電子図書（パソコンなど利用して読む図書）の製作を認めます。但し，営利を目的とする場合は除きます。 |

◆ JLA 図書館実践シリーズ　33

サインはもっと自由につくる
人と棚とをつなげるツール

2017 年 5 月 20 日　　初版第 1 刷発行 ©
2019 年 1 月 20 日　　初版第 2 刷発行

定価：本体 1600 円（税別）

著　者：中川　卓美
発行者：公益社団法人　日本図書館協会
　　　　〒104-0033　東京都中央区新川1-11-14
　　　　Tel 03-3523-0811㈹　Fax 03-3523-0841
デザイン：笠井亞子
印刷所：イートレイ㈱　　Printed in Japan
JLA201824　　ISBN978-4-8204-1702-6
本文の用紙は中性紙を使用しています。

JLA 図書館実践シリーズ　刊行にあたって

　日本図書館協会出版委員会が「図書館員選書」を企画して 20 年あまりが経過した。図書館学研究の入門と図書館現場での実践の手引きとして，図書館関係者の座右の書を目指して刊行されてきた。

　しかし，新世紀を迎え数年を経た現在，本格的な情報化社会の到来をはじめとして，大きく社会が変化するとともに，図書館に求められるサービスも新たな展開を必要としている。市民の求める新たな要求に対応していくために，従来の枠に納まらない新たな理論構築と，先進的な図書館の実践成果を踏まえた，利用者と図書館員のための出版物が待たれている。

　そこで，新シリーズとして，「JLA 図書館実践シリーズ」をスタートさせることとなった。図書館の発展と変化する時代に即応しつつ，図書館をより一層市民のものとしていくためのシリーズ企画であり，図書館にかかわり意欲的に研究，実践を積み重ねている人々の力が出版事業に生かされることを望みたい。

　また，新世紀の図書館学への導入の書として，一般利用者の図書館利用に資する書として，図書館員の仕事の創意や疑問に答えうる書として，図書館にかかわる内外の人々に支持されていくことを切望するものである。

2004 年 7 月 20 日

日本図書館協会出版委員会

委員長　松島　茂

図書館員と図書館を知りたい人たちのための新シリーズ！
JLA 図書館実践シリーズ 既刊20冊，好評発売中

（価格は本体価格）

1. **実践型レファレンスサービス入門　補訂版**
   斎藤文男・藤村せつ子著／203p／1800円

2. **多文化サービス入門**
   日本図書館協会多文化サービス研究委員会編／198p／1800円

3. **図書館のための個人情報保護ガイドブック**
   藤倉恵一著／149p／1600円

4. **公共図書館サービス・運動の歴史 1**　そのルーツから戦後にかけて
   小川徹ほか著／266p／2100円

5. **公共図書館サービス・運動の歴史 2**　戦後の出発から現代まで
   小川徹ほか著／275p／2000円

6. **公共図書館員のための消費者健康情報提供ガイド**
   ケニヨン・カシーニ著／野添篤毅監訳／262p／2000円

7. **インターネットで文献探索　2016年版**
   伊藤民雄著／204p／1800円

8. **図書館を育てた人々　イギリス篇**
   藤野幸雄・藤野寛之著／304p／2000円

9. **公共図書館の自己評価入門**
   神奈川県図書館協会図書館評価特別委員会編／152p／1600円

10. **図書館長の仕事**　「本のある広場」をつくった図書館長の実践記
    ちばおさむ著／172p／1900円

11. **手づくり紙芝居講座**
    ときわひろみ著／194p／1900円

12. **図書館と法　図書館の諸問題への法的アプローチ　改訂版**
    鑓水三千男著／328p／2000円

13. **よい図書館施設をつくる**
    植松貞夫ほか著／125p／1800円

14. **情報リテラシー教育の実践**　すべての図書館で利用教育を
    日本図書館協会図書館利用教育委員会編／180p／1800円

15. **図書館の歩む道**　ランガナタン博士の五法則に学ぶ
    竹内悊解説／295p／2000円

16. **図書分類からながめる本の世界**
    近江哲史著／201p／1800円

17. **闘病記文庫入門**　医療情報資源としての闘病記の提供方法
    石井保志著／212p／1800円

18. **児童図書館サービス 1**　運営・サービス論
    日本図書館協会児童青少年委員会児童図書館サービス編集委員会編／310p／1900円

19. **児童図書館サービス 2**　児童資料・資料組織論
    日本図書館協会児童青少年委員会児童図書館サービス編集委員会編／322p／1900円

20. **「図書館学の五法則」をめぐる188の視点**　『図書館の歩む道』読書会から
    竹内悊編／160p／1700円